Andreas Epp

# Früchte buddhistischer Praxis am Lebensende

Gespräche und Gedanken
zum ungewöhnlichen Sterbeprozess
von Irmgard Lauscher-Koch

mit Interviews von Yesche Udo Regel

© 2013 Andreas Epp, andreas-epp-koeln@gmx.de

Lektorat: Sabine Sharma, Bonn

Herstellung und Verlag:

BoD - Books on Demand, Norderstedt

1. Auflage

ISBN: 978-3-7322-3487-5

# Irmgard Lauscher-Koch

8.9.1933 – 8.9.2007

# Inhaltsverzeichnis

# Vorwort

Die Art, wie Irmgard Lauscher-Koch die letzten Monate ihres Lebens verbracht hat, ist der Grund, weshalb ich diesen Nachruf schreibe. Ihr Sterben war einzigartig: Sie wandte in ihrem Krebsleiden die ihr bekannten Meditationsmethoden an und starb auf eine äußerst bewusste Art und Weise. Obwohl sie die Gelegenheit hatte, alle möglichen Schmerzmittel zu nehmen, und auch von Ärzten dazu aufgefordert wurde, entschied sie sich ihrem körperlichen Verfall mit allen Sinnen auszusetzen ohne die Beschwerden zu bekämpfen.

Üblicherweise würde man bei einer solchen Krebserkrankung sehr viele Behandlungen über sich ergehen lassen. Wenn diese erfolglos bleiben, kommt man schnell in eine ausweglose Situation und verzweifelt. Man könnte auch versuchen sich von dem Leiden abzulenken und in Phantasie- und Vorstellungswelten zu entfliehen.

Irmgard wählte aber einen ganz anderen Weg. Sie ertrug die Schmerzen in vollem Umfang und blieb klar, präsent und souverän. So erlebte sie – ohne es vorher angestrebt zu haben – Geisteszustände von Frieden, Freude und Leerheit, die in unserem westlichen Leben extrem ungewöhnlich und selten sind. Ich halte die Erinnerung daran für so kostbar, dass man sie unbedingt der Nachwelt erhalten sollte.

Die Allermeisten von uns haben noch nie von der Möglichkeit gehört, trotz größter Schmerzen und Übelkeit nicht zu leiden und nicht weggetreten zu sein. Diesen auf Meditationserfahrungen gegründeten Umgang mit einer schweren Erkrankung, der ein Auf-den-Kopf-Stellen unseres westlichen Menschenbildes darstellt, möchte ich mit diesem Buch verdeutlichen und ihn als Option aufzeigen.

Natürlich möchte ich mich auch der Antwort auf die Frage nähern: Wie konnte sie das schaffen? Wie kann das überhaupt ein Mensch schaffen: Stärkste Schmerzen und Übelkeit über Jahre zu haben und trotzdem klar und glücklich zu sein?

Mir geht es um dieses Phänomen – und die enormen Möglichkeiten, die dadurch jedem Einzelnen, die somit uns, die wir heute noch leben, aufgezeigt werden.

Als Irmgard am 8. September 2007 einer Brustkrebserkrankung erlag, war Angehörigen und Freunden klar, dass ihr Sterben etwas Außergewöhnliches gewesen ist. Glücklicherweise hat ihr buddhistischer Freund Yesche Udo Regel zwei Monate vor ihrem Tod ein Interview mit ihr geführt und so ihr persönliches Erleben mit der Krankheit in kleinem Rahmen festgehalten.

Ich will nun den Versuch unternehmen, Irmgards Weg auch Menschen zu vermitteln, die mit Spiritualität und Buddhismus wenig Erfahrung haben.

Dafür habe ich Yesche Udo Regel, einen deutschen Meditations- und Buddhismus-Lehrer, befragt und dieser hat wiederum Lama Kunga Dorje, einen erfahrenen tibetischen Lama, zum Sterben von Irmgard interviewt. Beide, wie auch ich, waren mit Irmgard befreundet. Die Interviews sind weitgehend wörtlich, aber etwas gekürzt abgedruckt.

Die Texte zwischen den Interviews sind als private Auffassung des Autors zu verstehen und keinesfalls als Einführung in den Buddhismus.

Irmgard nahm trotz stärkster Schmerzen, Übelkeit und Erbrechen keine Schmerz- oder Betäubungsmittel oder andere Medikamente der modernen Medizin ein und machte auch keine Chemotherapie oder Bestrahlung. Nur am Anfang ihrer Erkrankung hatte sie sich einer Brust-OP unterzogen und fuhr danach einige Male zur Kur nach Lanzarote, wo ihr Mistelpräparate verabreicht wurden, die sie dann auch weiter zu sich nahm.

Außerdem wendete sie homöopathische Mittel an. Erst in ihren allerletzten Lebenstagen nahm sie einige Male Schmerzmittel zu sich.

Dennoch befand sie sich in den Monaten vor ihrem Tod in einem glücklichen Zustand, zumindest phasenweise befreit von ihren schweren Leiden. Sie konnte das letzte halbe Jahr ihres Lebens nichts mehr essen und ernährte sich nur noch von einer kleinen Flasche Flüssignahrung Fresubin® am Tag, magerte bis auf die Knochen ab und hatte kaum noch die

Kraft sich aufzurichten. Trotzdem blieb sie geistig völlig klar und haderte in keiner Weise mit ihrem Schicksal. In dieser Phase realisierte sie Kernpunkte buddhistischer Meditation und wendete sie konkret auf ihre Leidenssituation an, wobei sie Leerheits- und Klarheitszustände erfuhr, die mir bisher nur von tibetischen Meistern bekannt waren. Ich möchte durch diesen persönlichen Nachruf ihre Erfahrungen der Nachwelt verständlicher machen.

## Danksagung

Für die umfangreiche Arbeit, die Yesche Udo Regel bei dieser Veröffentlichung geleistet hat, möchte ich mich herzlich bedanken. Ohne ihn wäre dieses Büchlein nicht zustande gekommen.

Mein Dank geht auch an Lama Kunga Dorje, durch den eine neue Sichtweise auf die Geschehnisse möglich wurde.

Auch bei der Familie von Irmgard Lauscher-Koch und ihren Freunden bedanke ich mich für ihre Unterstützung.

Für das Lektorat und die Gestaltung des Layouts bedanke ich mich bei Sabine Sharma.

# Interview mit Irmgard Lauscher-Koch am 15.7.2007

Das Interview führte Yesche Udo Regel sieben Wochen vor Irmgards Tod im Retreat-Zentrum Karma Thekchen Yi Ong Ling in Windeck-Halscheid/Sieg.

*Yesche*: Du bist jetzt über 73 Jahre alt und hast seit 1975 Kontakt zum Tibetischen Buddhismus. Was bleibt von den vielen Begegnungen und Erfahrungen jetzt, wo du deinem Sterben entgegensiehst?

*Irmgard*: Jetzt ernte ich die Frucht meiner ganzen Begegnungen und erfahre sie so, als kämen sie jetzt vor dem Sterben zur Reife.

*Yesche*: Jetzt, wo sich dein Leben dem Ende zuneigt und du deine letzten Wochen im Retreat-Zentrum Halscheid verbringst, was ist jetzt noch wichtig?

*Irmgard*: Ich glaube, diese Frage kann man erst später beantworten. Ich meine zum ersten ist unendlich viel zu sagen. Denn die Krankheit bringt mich, und jeden würde sie dahin bringen, an Grenzerfahrungen. Und Grenzerfahrungen sind das, wo wir am meisten herausgefordert sind und wo sich am meisten wandeln, transformieren kann.

Krankheit, wenn es eine Krankheit ist, die zum Tode führt, entzieht uns ja jeden Boden, und jede Sicherheit kommt abhanden. Das ist schon mal gut, weil wir dann merken, dass alles sich in ständiger Veränderung befindet und dass die Sicherheit eine absolut eingebildete ist und etwas, was wir andauernd versuchen herzustellen, aber überhaupt keine Substanz hat. Und die Krankheit zu akzeptieren ist nicht genug.

Akzeptieren konnte ich die Krankheit von Anfang an, aber ich habe auch das große Glück gehabt, dass ich jetzt schon sieben Jahre seit der Operation habe, und in den sieben Jahren vollzog sich ein unendlich fruchtbarer Prozess. Akzeptieren konnte ich die Krankheit immer und akzeptieren musste ich dann ja vieles: dass ich den Beruf aufgeben musste und dass der Bewegungsradius immer kleiner und immer enger wurde.

Aber das Eigentliche, was wirklich entscheidend ist, ist nicht nur die Akzeptanz, sondern das tiefe Sich-Einlassen auf jede Erfahrung. Je elender der Körper wird, desto schwieriger wird das, weil natürlicherweise sich der Wunsch einstellt, dass das Elend ein Ende haben möge. Am Anfang dieses Jahres, als ich nichts mehr essen konnte, mich nur noch von einer Flasche Fresubin® am Tag ernährte, da hatte ich noch nicht diese Einsicht.

Ich dachte, es sei genug das alles zu akzeptieren, und ich hatte auch das Gefühl, ich hätte alles losgelassen und es gäbe überhaupt nichts mehr, was ich loslassen könnte, und nun bitte möchte ich gerne sterben. Der Wunsch war übermächtig in mir zu sterben. Dann merkte ich eines Tages, dass das alles Unsinn ist. Wenn ich morgens aufwache und denke: „Oh Schreck, schon wieder ein Tag zu überstehen", dann gehe ich am Leben vorbei.

Dann habe ich diesen Wunsch rausgeschmissen. Und siehe da, wie bei allen Wünschen, auf einmal war ich befreit und in meiner Seele sehr, sehr heiter, als ich den letzten Wunsch aufgegeben hatte.

Dann begann ein ganz, ganz intensiver Lernprozess. Mir war einfach Tag und Nacht speiübel, und dann kam täglich mehr Schwäche dazu, manchmal auch heftige Schmerzen, und ich habe immer versucht mich auf jede Erfahrung einzulassen.

Einlassen, das ist wirklich schwer. Man windet sich oft wie ein Wurm und weiß gar nicht, wie man sich einlassen soll, aber wenn man sich eingelassen hat, dann kommt man zu unmittelbarer Einsicht. Nicht Einsicht in das Warum der Krankheit, das kann man überhaupt nie beantworten, aber Einsicht in folgender Weise: Man taucht sozusagen, das ganze Elend bewusst erleidend, hindurch und auf einmal öffnet sich der Raum und eine unendliche Weite tut sich auf. In dieser Weite ist eigentlich nur noch Frieden und Freude und unendliche Liebe. Was eben für mich als Buddhistin so wirklich wunderbar ist, dass die Krankheit mich sozusagen an das Verständnis von Leerheit geführt hat. Denn wenn ich mich einlasse, und immer wieder ist es ein Anfang und immer wieder neu, stündlich und minütlich wieder neu, dann begreife ich mit jeder Zelle, was es heißt: „Leerheit". Dass einfach in der Leerheit der Schmerz und die Krankheit nicht mehr existieren, dass Klarheit und Leerheit untrennbar sind oder Liebe und Leerheit untrennbar. Das ist mir einfach in den letzten Monaten als großes, großes Geschenk zugefallen und ich kann gar nicht sagen, wie dankbar ich dafür bin.

Das scheint mir also das Wichtigste, dass ich so sehr verstehen lernen durfte, dass jeder Moment, jeder Moment der Erfahrung unendlich kostbar ist und dass es nicht um Sterben und Tod geht, sondern nur darum, sich immer wieder jedem Moment zu stellen und da und hellwach zu sein.

*Yesche*: Du hast viele Meditationspraktiken kennen gelernt und bist selber eine begnadete Atemtherapeutin. Welche Übungen empfindest du jetzt als Unterstützung im Umgang mit den Beschwerden der Krankheit und als Sterbevorbereitung?

*Irmgard*: Ja, ich nehme gar keine Schmerzmittel. Ob ich eine begnadete Atemlehrerin bin, das sei einmal dahingestellt, aber Atem- und Meditationspraxis sind für mich zusammengefallen und einfach gar nicht mehr zu trennen in meiner Erfahrung. Im Buddhismus heißt es, dass das Bewusstsein auf den feinstofflichen Winden des Körpers

„reitet", und in der Veening-Atemarbeit[1] sammeln wir die verstreuten Winde und führen sie dem Zentralkanal zu. Das ist ein langer Prozess der Bewusstwerdung unserer seelisch-körperlichen Gewohnheitsmuster, denn Wind und Bewusstsein beeinflussen sich gegenseitig. In dem Maße, wie sich Gedanken und Gefühle klären, kann das Bewusstsein den Weg der Transformation über die Kreuzungspunkte im Zentralkanal [Chakren] von unten nach oben aufsteigend nehmen. Außerdem entwickelt sich sehr viel Wärme über das von uns so genannte „Nierenfeuer".

Anfangs praktizierte ich vor allem Mahamudra, stilles Sitzen und Kontemplieren der Bewegungen des Geistes ohne Ergreifen. Dann, neugierig geworden durch Anka Wangmo [eine buddhistische Nonne], versuchte ich die Vajrayana-Praxis tiefer zu verstehen. Ich hatte bisher nur eine Empfindung für Tara [ein Buddha-Aspekt], die Weiße und die Grüne, aber sonst hatte ich tantrische Übungen schon von der Ikonografie her als mir fremd empfunden. Ich kann nicht sagen warum, aber ich fand auf einmal einen ganz lebendigen Zugang und empfand gerade auch diese Praxis des Visualisierens als sehr unterstützend. Vielleicht konnte ich vorher nicht den genügenden Stolz aufbringen, mich als Göttin zu visualisieren.

---

[1] Eine nicht-buddhistische Kontemplations-Methode nach Cornelis Veening (1885 – 1974)

Es liegt wahrscheinlich auch am Katholizismus, in dem ich groß geworden bin und den ich auch nie ganz verlassen habe, dass man sich nicht wert fühlt. Aber auf einmal konnte ich mein gewöhnliches Ich transformieren. Es kam eine solche Freude auf in dieser Praxis und auch eine so wirklich strahlende Wahrnehmung anderer Menschen und der Umgebung, dass ich einfach nur staunen konnte. Ja, das war die Praxis, die mir dann zugefallen ist. Yesche, du hast weiterhin mit mir oft Phowa praktiziert. Die Phowa-Praxis [eine Sterbemeditation] kannte ich auch schon von 1981 mit Ayang Rinpoche. Aber ich hatte immer Angst sie allein zu machen. Ich empfinde sie als sehr unterstützend und hinführend zur Sterbestunde. Ich glaube, das ist das, was ich dazu sagen könnte.

*Yesche*: Du hast selber ausgeprägte Wurzeln im Christentum. Magst du etwas darüber sagen, wie du diese jetzt mit dem Buddhismus verbindest?

*Irmgard*: Ja, sehr gerne. Das war für mich in den dreißig Jahren buddhistischer Praxis immer ein Konflikt. Ich wollte meiner Herkunftsreligion treu bleiben, weil meine ganze Familie und meine Freunde christlich waren, aber eigentlich bin ich total geprägt vom buddhistischen Weg, vor allen Dingen von der Begegnung mit meinen Lehrern, Khenchen Thrangu Rinpoche und Lama Gendün Rinpoche.

Aber es hat mich dann in den letzten Jahren auch immer sehr erschreckt, als ich schon krank war, wenn S.H. der Dalai

Lama sagte, es könne sehr verwirrend sein in der Stunde des Sterbens, wenn man eine fremde Religion übernommen hätte. Das hat mich dann sehr ängstlich gemacht, und ich hab per Verstand entschlossen, mich wieder ganz dem Christentum zuzuwenden. Ich habe mich dann sehr beschäftigt mit den Kirchenvätern sowie mit Thomas von Aquin und Augustinus, und ich war dann auch sehr überrascht, dass ich so viele Querverbindungen ziehen konnte und es gar nicht so ein großer Unterschied zu sein schien, wie ich dachte. Aber dennoch erschien mir im Christentum die Betonung der Gnade sehr wichtig. Weil ich eben auch das Gefühl habe, dass ich in den Jahren, je elender ich wurde, desto mehr in einem Gnadenstrom stand. Ich merkte aber jetzt, dass es in jedem Fall, egal ob Buddhismus oder Christentum, um tiefe Hingabe und Vertrauen und Öffnung geht und dass die Liebe zentral im Mittelpunkt steht. Jetzt bin ich sogar noch zum Schluss in einem buddhistischen Retreat-Zentrum gelandet und bin total im Frieden mit meinen beiden Religionen. Ja, es ist kein Konflikt mehr da und ich kann es anheimstellen.

*Yesche*: Es ist wichtig, dass wir, die wir noch leben, die Worte und Ratschläge von älteren und sterbenden Menschen wieder hören und beherzigen. Gibt es etwas, was du uns allen, die dies lesen, als Rat oder Wunsch übergeben möchtest?

*Irmgard*: Ja. Also erst einmal an der Peripherie angefangen, ist es sehr, sehr wichtig, dass man versteht, dass Ängste eine Krankheit nähren. Sie fressen einen förmlich auf, lauern die ganze Zeit im Hintergrund. Man kann sie nicht verdrängen, aber es hilft, sich klar zu machen, dass sie ein Produkt von Sorgen, Befürchtungen, Gedanken und Vergleichen sind.

Ich habe den Gedanken an die Bösartigkeit der Krankheit fallen lassen, schließlich kann man an jeder Krankheit sterben und auch ohne jede Krankheit. Die Gewissheit, dass wir sterblich sind, ist gut wach zu halten. Also habe ich mich immer, wenn Ängste auftauchten, auf den Jetztzustand besonnen: Wie fühle ich mich, wo sitzt das Unbehagen oder der Schmerz? – Und dann habe ich ihn freundlich umfangen.

Sobald der Schmerz oder die Übelkeit aus ihrer Isolation befreit sind, verlieren sie an Mächtigkeit. So habe ich doch sehr viel Schönes in den Jahren erlebt, vor allem das Glück, endlich da zu sein, wo ich war. Ich konnte mich an jeder Blume, jedem Unkraut, jedem Lichtwechsel freuen.

Natürlich kamen auch Zeiten, wo nichts mehr zu gehen schien und ich nur noch flüchten wollte. Da fiel mir die Übung des tiefen Einlassens zu, wie ich sie anfangs beschrieben habe. Ich durfte erfahren, dass, wenn man Vertrauen in die Krankheit setzt und ihre Botschaft, dass der Geist sehr erstarkt, und mit dem Erstarken des Geistes tritt das physische Elend zurück.

In meinem Prozess konnte ich feststellen: Je schwächer der Körper wurde, desto stärker wurde der Geist; je weniger der Körper wurde, desto stärker entwickelte sich der feinstoffliche Körper. Das finde ich doch sehr wichtig anderen Menschen mitzuteilen, dass der Geist über den Körper herrscht und nicht umgekehrt. Das ist das eine, was ich erst mal etwas äußerlich mitteilen möchte. Das andere ist das, was ich schon mal sagte, dass jeder Moment der Erfahrung unendlich kostbar ist, weil er unsere Buddha-Natur zu enthüllen vermag.

Ich glaube, damit habe ich alles gesagt, Yesche, oder? Nein, nicht alles: Es ist mir ein großes Herzensanliegen, meiner Familie und meinen Freunden – buddhistisch oder christlich – zu danken für ihre große Liebe, die mich rundherum umfängt und trägt. Und tiefen Dank meinem Lehrer Khenchen Thrangu Rinpoche und dem hiesigen Retreat-Zentrum mit Lama Kunga Dorje und den drei Retreatlerinnen, die mich liebevoll pflegen und geistig unterstützen.

# Anmerkung zur Schmerzbehandlung

Da ich keine schulmedizinische Ausbildung habe, kann ich nur eine allgemeine Aussage hierzu machen: Sterbebegleitung zu Hause oder im Hospiz ist in der heutigen Zeit nur sinnvoll möglich, wenn starke Schmerzen mit Schmerzmitteln behandelt werden. Die Schmerzforschung hat in den letzten Jahren große Fortschritte gemacht. Durch eine individualisierte Schmerzmitteleinstellung – hier hat sich in den letzten Jahrzehnten viel verbessert – werden idealerweise Schmerzen vermieden und gleichzeitig ein Zuviel an Schmerzmitteln verhindert. Unter dem Einfluss solcher Mittel kann man durchaus meditieren. Schmerzmittel beeinträchtigen zwar manchmal die geistige Wachheit und Aufmerksamkeit, aber starke Schmerzen können andererseits zu großer Verwirrung führen. Daher kann grundsätzlich nicht die Empfehlung gegeben werden, bei schweren Krankheiten keine schmerzlindernden Medikamente zu nehmen. Die Vor- und Nachteile sind hier sorgfältig abzuwägen.

Irmgards Weg diese Mittel nicht zu nehmen, wenn man von wenigen Malen kurz vor ihrem Tod absieht, ist sehr ungewöhnlich. Sie zeigt damit eine Option auf, über die viele Menschen noch gar nicht nachgedacht haben und die, so denke ich, in ihrem Fall zu sehr erstaunlichen Ergebnissen führte.

# Irmgards besondere Lebensgewohnheiten

Wenn man sich nun die Frage stellt: „Warum nahm Irmgard keine Schmerzmittel und andere Medikamente, es wäre doch sicher eine Erleichterung für sie gewesen?", dann kommt man zu dem Ergebnis, dass sie überzeugt war, dass diese Mittel die Klarheit ihres Geistes beeinträchtigen würden. Sie hatte ihr Leben dafür verwendet, die Prozesse in ihr und in ihrer Außenwelt klar zu erleben und zu erkennen. Jetzt wollte sie sich diese Lebensaufgabe nicht durch den Krebs zerstören lassen. Sie war Lehrerin für Veening-Atemarbeit, kannte sich in der Focusing-Therapiemethode nach Gendlin aus und nutzte auch die Methoden der japanischen Heilstromtherapie Jin Shin Jyutsu. Zusätzlich praktizierte sie täglich buddhistische Meditation und führte ein Leben ohne viel Ablenkung durch Medien wie Radio, Musik, Fernsehen und Internet. Sie praktizierte so ganz spontan und natürlich einen Gegenentwurf zur heutigen „Reizmaximierungsgesellschaft".

Um die Unterschiede von Irmgards Leben zu dem heute allgemein üblichen nachzuvollziehen, eine kurze Beschreibung des für uns gängigen Lebens aus dem Blickwinkel unserer eigenen Emotionen und Gedanken. In unserer Vernetzung mit Freunden und Kollegen schwingt oft im Hinterkopf mit: Was nützen die Kontakte mir persönlich, wie erwecke ich einen guten Eindruck, was denkt die oder der von mir, kann dieser Mensch mir einen Rat geben? Wir sind in unseren sozialen Netzen – ob mit oder ohne Internet – beschäftigt, ausgelastet. Wir bewegen uns oft in unserem Bild von Anerkennung und Ablehnung, von Erfolg und Misserfolg.[2]

Was wir wirklich sind, was wir sein können und besonders was unsere Probleme sind, das kann sich während des Befangen-Seins in unseren Aktivitäten nicht entwickeln.

Wir sind Künstler im Verschleiern unserer persönlichen ureigenen Kernfragen: Wie befreie ich mich von meiner Angst, von meinem Gefühl verlassen zu sein, möglicherweise von körperlichem Schmerz, von meiner Unfähigkeit mich richtig zu freuen, von meinem Hass, von meiner Eifersucht, von meiner Gier?

Das müssen nicht alles unsere Probleme sein, aber wahrscheinlich sind sie es zum erheblichen Teil. Die störenden eigenen Gefühle, die quälen, versucht man durch Arbeit, durch Ablenkung nicht zu spüren – aber sie krabbeln immer wieder an einem hoch, man wird sie nicht wirklich los. Der Weg nach außen in die Kommunikation, in die Ablenkung ist ein Weg in die Sackgasse und wird einen nicht letztendlich

---

[2] Vergleiche hierzu „Die acht weltlichen Fallen" des buddhistischen Meisters Atisha Dipamkara (980 – 1054 n.Chr.): Gewinn und Verlust, Glück und Leid, Ruhm und Schande, Lob und Tadel. Dies wurde auch vom historischen Buddha dargelegt.

glücklich machen – das versteht man irgendwie, aber man kennt keine Alternative.

Es sind unterschwellige geistige Prozesse – man spricht eigentlich nicht so gerne darüber, eigentlich will man sich selber sogar damit nicht so richtig belästigen. Aber das Problem ist: Man wird sie nicht los. Wenn jemand genau jetzt seine Schwierigkeiten beschreibt, zum Beispiel: „Ja, ich werde unterschwellig von Angst verfolgt", „Ja, ich fühle mich oft verlassen", dann zieht er fast immer keine Konsequenzen daraus. „Es ist halt so. Ich muss mir neue Freunde suchen oder irgendwann mal zum Psychologen gehen..."

Es als existenzielle Frage zu begreifen, die eigentlich alle Menschen betrifft, das scheint weit weg und nicht passend für einen selbst. Irgendwie wollen wir das alles aus unserem Kopf verbannen.

Wenn man jedoch eine schwere Krankheit wie Krebs oder einen nicht überwundenen Schicksalsschlag erfahren hat, dann zwingt sich die Frage geradezu auf: Wie komme ich aus meiner Geistesverfassung heraus? Was kann mir helfen? Gibt es irgendetwas oder irgendwen, das oder der meine Situation verbessern kann? Der Leidensdruck treibt einen. Es hat eine Erschütterung stattgefunden.

Vielleicht sollten wir einfach jetzt, bevor die Krankheit oder das Sterben eintritt, bevor die Ängste sich massiv manifestieren, nach Wegen suchen, die uns befähigen, zukünftiges Leiden zu vermeiden beziehungsweise zu überwinden.

Die Geschichte von Irmgard Lauscher-Kochs Lebensende liegt mir am Herzen, weil sie zeigt, dass der Geist über den Körper siegen kann, im eigenen Leben; dass der Geist nicht Sklave von Schmerzen, Verzweiflung und Angst sein muss. Der Geist kann sich selbst befreien.

# Ihre Meditationen

Meine tiefe Hochachtung gegenüber Irmgard bezieht sich nicht so sehr auf ihr Leben in Gesundheit, es bezieht sich auf die Zeit ihres Sterbens. Sie hat in den letzten Jahren ihrer Krebserkrankung den bei uns sehr seltenen Beweis erbracht, dass stärkste, andauernde körperliche Schmerzen nicht die geistige Klarheit, die persönliche Freude und das soziale Denken beeinflussen müssen.

Irmgard hat an ihrem Lebensende phasenweise nicht unter ihren schweren körperlichen Beschwerden gelitten, obwohl Schmerz und Übelkeit in vollem Umfang gegenwärtig waren. Aber nicht nur das, sie hat auch erklärt, wie sie es macht. Wie es ist, wenn sie Schmerzzustände hat, aber nicht von ihnen dominiert wird und sie nicht als Leiden erlebt. Ihr Lebensende ist ein Vorbild für Betroffene, die sich in einem Krankheits- oder Sterbeprozess befinden, speziell für jene, die sich inneren meditativen Erfahrungswegen zuwenden wollen. Sie hat konkrete Hinweise gegeben durch die Darstellung ihrer eigenen Bewusstseinszustände.

Irmgard hat leider keine Autobiografie über ihre letzten Jahre hinterlassen. So sind wir auf das zuvor bereits wiedergegebene Interview mit Yesche Udo Regel einige Wochen vor ihrem Tod und auf Aussagen ihrer Familie und von Freunden angewiesen.

Ich denke, das Wichtigste ist, zu sehen, dass es möglich ist, den Krebs ohne schmerzstillende Medikamente zu erleben bei klarem, zufriedenem und glücklichem Geist. In unserer Welt halten Mediziner und Psychologen – die bezüglich des Themas Schmerzen für zuständig gehaltenen Akademiker – es für kaum möglich, was Irmgard erlebt hat. Allein es zu erwägen, dass der Zeitgeist sich hier irren kann, lässt uns unsere jetzigen oder zukünftigen körperlichen Beschwerden aus einer anderen Perspektive betrachten.

Der zwangsweisen Verbindung von Schmerzen, Bewegungseinschränkungen, körperlichem Verfall mit geistigem Abbau, Verzweiflung und Leiden wird widersprochen. Hier hat Irmgard Großes geleistet, auch wenn sie zeitweise unter die „Herrschaft" ihrer körperlichen Beschwerden geriet.

Es soll nicht die Empfehlung gegeben werden, bei einer Krebserkrankung keine Mittel gegen Schmerzen und Erbrechen zu nehmen oder durch Meditation die Schmerzen zu transzendieren. Es soll aber eine Möglichkeit dargestellt werden, dass selbst bei Schmerzen und Verzweiflung am eigenen physischen Körper diese körperlichen Impulse keine Macht über den Geist haben müssen. Es soll wie ein Foto aus einer anderen Welt sein, eine Postkarte von einem Ort, dessen Existenz man für unmöglich hält. Wirklich dort hinkommen zu wollen ist dann eine ganz persönliche Entscheidung.

Das Leben von Irmgard ist wie jedes Leben einzigartig und ihr Weg nicht übertragbar. Aber einige Aspekte ihrer Gewohnheiten sind Anhaltspunkte, die eine Basis für die Arbeit mit dem eigenen Geist bilden könnten. Dazu gehört z.b. ihr Leben in Stille. Sie wandte sich zudem sehr intensiv und ausgiebig in Gesprächen den Angelegenheiten anderer zu. Sie sprach wenig über sich selbst und hatte täglich feste Meditationszeiten. Sie besuchte regelmäßig Meditationsmeister und führte Gespräche mit ihnen. Bei allem war sie Mutter von fünf Kindern. Sie war ein völlig normaler Mensch, der seinen eigenen, ganz persönlichen Weg ging.

Die heutige Medizin setzt im Allgemeinen ein Menschenbild als selbstverständlich voraus, in dem ein gut funktionierender, beschwerdefreier und schmerzfreier Körper die Grundlage für positive Empfindungen, klares Denken und allgemeine Lebensfreude ist. Ein kranker, schmerzender und funktionsgestörter Körper wird üblicherweise mit negativen Empfindungen, verwirrtem Denken und mit Aufheben der Lebensfreude in Verbindung gebracht, also mit Leiden an diesem kranken Körper. Und genau diese vermeintlich unverrückbare These hat Irmgard durch ihre Erfahrung vor dem Tod widerlegt.

Am Anfang ihrer Erkrankung hatte sie eine Brust-OP, danach verweigerte sie sich weiteren schulmedizinischen Maßnahmen.

Schmerzstillende Medikamente und schulmedizinische Therapien bei einer solchen Krebserkrankung kategorisch bis zum Tode zu verweigern (von wenigen Ausnahmen abgesehen) setzt großen Mut und auch eine starke Konsequenz im Denken voraus – und eine große Überzeugung in das eigene geistige Vermögen.

Nun werden wir alle früher oder später sterben – und viele von uns werden die letzte Zeit des Lebens von Schmerzen, Verzweiflung und Ungewissheit gepeinigt sein. Nur einige werden sich vor ihrem Tod gut ablenken oder haben eigene persönliche Methoden, um die Angst vor dem Sterben nicht hochkommen zu lassen.

Wie kann nun die überlieferte Erfahrung von Irmgard für uns, die wir noch leben, konkret dazu beitragen, dass unser eigener Tod erträglicher oder möglicherweise sogar beglückend wird?

Der erste Punkt, den Irmgard nennt, ist: der Entzug der eigenen Sicherheiten. Wir haben jeden Tag genug zu essen, Luft und Wasser sind nicht stark verseucht, wir haben heute noch keine Schmerzen, sind zuversichtlich, dass wir den nächsten Tag noch gesund erleben werden, usw. Überall sind Sicherheiten, die für uns Selbstverständlichkeiten sind. Unser Leben hat ein festes Gerüst, das belastbar und zuverlässig scheint. Eine Krebserkrankung bricht ein solches Gerüst auf: unkontrollierbare Schmerzen, Erbrechen, Unsicherheit über die nächste Nacht, den nächsten Tag, keine

Ziele, die sinnvoll erscheinen, Abhängigkeit von der Hilfe anderer.

Vom Standpunkt des eigenen Lebenssystems sind diese Unsicherheiten eine Horrorvorstellung – auf nichts ist mehr Verlass. Vom Standpunkt der buddhistischen Geistesschulung – den Irmgard eingenommen hat – ist es jedoch eine vorzügliche Gelegenheit: Das Aufgeben von Erwartungen, Zukunftsvorstellungen und Fixierungen ist die Grundlage buddhistischer Meditation – frei werden, frei sein und letztlich Befreiung von allen Leiden.

Geistesschulung ist genau das, was sie viele Jahre lang täglich geübt hat. Sie hat dabei vier Richtungen praktiziert: christliche (Thomas von Aquin, Augustinus u.a.), Focusing, Veening-Atemarbeit und Buddhismus. In den letzten Lebensmonaten hat sie dann hauptsächlich buddhistische Praktiken durchgeführt, wobei sie sich mit den anderen Methoden und ihren christlichen Wurzeln „völlig im Reinen" fühlte. Durch ihre tiefen Gewohnheiten, ruhig und klar die gegenwärtigen Prozesse zu erfahren, konnte sie den Verfall des Körpers annehmen ohne von Schmerz und Übelkeit überwältigt zu werden. Aber sie erlebte nicht nur geistige Ruhe und Klarheit in Gegenwärtigkeit durch Achtsamkeitsübungen auf den Atem, den Körper, die Gefühle und die geistigen Prozesse. Sie übte sich auch zunehmend in der Praxis des Visualisierens.

Visualisieren findet bei uns über den Tag hunderte von Malen statt. Beim Durchführen von Handlungsprozessen, beim Denken an andere Menschen, beim Erinnern. Für uns ist es so normal, dass wir es gar nicht mehr bemerken, wenn es abläuft. Wenn wir uns zum Beispiel vom eigenen Haus zu dem Haus eines Freundes mit dem Auto begeben wollen, dann stellen wir uns die verschiedenen Phasen des Weges bildlich vor: den Autoschlüssel suchen und nehmen, die Haustüre abschließen, zum Auto gehen, ausparken, der Fahrweg, einparken, klingeln etc. Das ganze Leben, ob Handlungsplanung, Erinnerung, Wünsche, Befürchtungen laufen über Bilder im Kopf ab. Sie haben eine bestimmte Abfolge, die mal mehr, mal weniger klar ausgeprägt ist. Diese Fähigkeit unseres Geistes zu visualisieren nutzt man in der Meditation, besonders im Vajrayana-Buddhismus.

Wir betrachten nun den vereinfachten Ablauf einer Vajrayana-Meditation. Vajrayana-Meditationen sollen nur nach Anweisungen eines erfahrenen, ausgebildeten Lehrers durchgeführt werden. Hier wird daher nur eine grobe Übersicht gegeben. „Buddha" und „Buddha-Aspekt" sind im Folgenden als Synonyme zu verstehen.

Wir setzen uns auf ein Kissen im Schneidersitz oder auf einen Stuhl. Der Rücken sollte, wenn möglich, gerade sein. Optimalerweise lehnen wir uns nicht an und halten die Augen offen. Die Augen blicken geradeaus und bewegen sich nicht oder nur gelegentlich, fixieren auch keinen Punkt, sondern wir entspannen unseren Körper und den Geist.

Dabei sind wir uns durchaus der Außenwelt mit ihren variierenden Reizen bewusst, belassen es dabei und gehen ihnen nicht weiter nach. Diese ruhige, unfixierte Bewusstheit, die auch z.b. den eigenen Atem und das Gefühl des Körpers mit einbezieht, praktizieren wir einige Minuten. Wir lassen also alles los und doch darf alles kommen. Völlige Entspannung.

Dann taucht in der eigenen Vorstellung vor uns im Raum ein leuchtender Punkt auf, der dann die Form einer Keimsilbe annimmt. Keimsilben sind etwa HRI, HUNG oder AH. Aus der speziellen Keimsilbe entsteht in einem Augenblick – willentlich – der Buddha-Aspekt, auf den wir hier meditieren, z.B. der Buddha des Mitgefühls (Chenrezig), der Buddha des Grenzenlosen Lichtes (Amitabha) oder die weibliche Buddha Tara.

Während der darauf folgenden Meditation, die einige Minuten bis eine Stunde dauern kann, bleibt diese leuchtende Vorstellung, die die Qualitäten eines Buddhas hat, vor uns im Raum bestehen. Sie hat jedoch keine feste, anfassbare Form, sondern ist mehr wie ein Hologramm, das im Raum erscheint. Diese Erscheinung wird durchaus als Wesen vorgestellt, das Gefühle, Wissen und Erkenntnis genau wie wir selbst hat. Der Unterschied zu uns selbst ist, dass dieses Wesen – in der eigenen Vorstellung – von allen Leiden befreit ist, keine Ichvorstellung besitzt, mit allen Lebewesen Mitgefühl hat, größte Freude erlebt und die Leerheit erkannt hat. In verschiedener Art kommunizieren wir selbst nun mit diesem Buddha-Aspekt, z.B. indem wir immer wieder das entsprechende Mantra sprechen, beispielsweise das OM MANI PEME HUNG in Bezug auf den Buddha-Aspekt Chenrezig. Während wir das Mantra sprechen, strahlt weißes Licht vom Buddha-Aspekt zu uns selbst. Wir werden also, während wir sprechen, von weißem Licht geflutet. Je nach Meditation gibt es noch weitere Kommunikation zwischen uns selbst und dem vor uns im Raum visualisierten Buddha-Aspekt.

Am Ende der Meditation steht die Auflösungsphase. Der Buddha-Aspekt löst sich vollständig in Licht auf und verschmilzt mit uns selbst. So werden wir selbst – in der eigenen Vorstellung – zum Buddha-Aspekt. Eine Zeit lang meditieren wir so als erleuchtetes Wesen weiter und wünschen dabei allen Lebewesen alles Gute und die Befreiung von Leiden. Oder wir visualisieren auch die anderen Lebewesen als Buddha. Danach lösen wir uns selbst, als Buddha-Aspekt, auf und verschwinden vollkommen im Raum.

Der Abschluss ist dann wieder die Anfangsmeditation, in der wir mit unbewegten, offenen Augen in den Raum blicken, in Ruhe verweilen und alles zulassen.

Am Anfang und am Ende der Meditation steht also der eigene Geist, der mit den Augen in Ruhe, entspannt und unbewegt, in den Raum blickt und sich der Phänomene bewusst ist, also klar bleibt. Im Hauptteil wird die

Visualisierung eines erleuchteten Buddha-Aspektes praktiziert. Danach die Verschmelzung, d.h. die Identifikation des
Selbst mit dem Buddha-Geist.

Die beschriebene Methode des Visualisierens ist eine von
vier Teilen einer klassischen Vajrayana-Meditation. Die
anderen Teile sind: Zufluchtnahme, Bodhicitta-Entwicklung
und das Verschenken des angesammelten Verdienstes an alle
Lebewesen aller Welten. Hierzu sollte ein kompetenter
Lehrer befragt werden.

Es geht also in der Meditation um den wiederholten
Wechsel von Leerheit, Buddha-Erscheinung und Identifikation.

Buddha ist hier nicht etwas Fernes, Unerreichbares,
sondern wir visualisieren uns immer wieder, für eine
bestimmte Zeit, als verbunden oder sogar identisch mit dem
Buddha. Die Sorge, das Ziel der Befreiung nicht zu erreichen
und etwas falsch zu machen, die Zweifel am buddhistischen
Weg überhaupt und Ähnliches fallen dabei weg. Wir halten
aber nicht fest an der Vorstellung, selbst ein Buddha bzw.
Buddha-Aspekt zu sein, sondern lassen auch das sich wieder
in der Weite des Raumes auflösen.

Eine Vajrayana-Meditation, wie sie auch Irmgard regelmäßig praktiziert hat, setzt voraus, dass wir uns mit solchen
buddhistischen Erfahrungen bereits beschäftigt haben. Das
können stille Meditationen sein, wie Shamata oder
Vipashyana, also Geistesruhe- und Einsichts-Meditationen.

Es kann aber auch geistiger Austausch mit Meditations-meistern sein. Wenn man mit einem Meister – wie Irmgard mit Thrangu Rinpoche und Gendün Rinpoche – regelmäßig Gespräche führt, seine Belehrungen besucht, Meditationen mit ihm macht, dann findet so etwas wie eine Geist-zu-Geist-Übertragung statt. Das heißt, wenn wir uns in der Meditation einen Buddha-Aspekt vorstellen, dann ist der „befreite Geist des Buddha" nicht ein unklarer Begriff, sondern der Geist des Meisters findet seinen Widerhall im Lichtkörper des Buddha vor uns selbst. Der Buddha ist nicht mehr etwas be-fremdend Asiatisches, sondern eine warme menschliche Geistesbeziehung. Auch dafür ist der eigene Meister sehr hilfreich.

Außer den Visualisierungen des Vajrayana-Buddhismus und der Mantra-Meditation beschreibt Irmgard auch sehr persönliche Dinge, die zwar auch im Buddhismus vor-kommen, die sie uns jedoch als hautnahe persönliche Erfahrungen schildern kann. Ihr fiel auf, dass sie den Wunsch entwickelt hatte, möglichst bald sterben zu können, um dem Elend zu entrinnen. Erst als sie auch diesen letzten Wunsch loslassen konnte, fühlte sie sich befreit. Es war eine ganz eigene Erkenntnis und ein eigener Entschluss, diesen Wunsch „rauszuschmeißen".

Sie schildert das so: „Ich war befreit und fühlte mich in meiner Seele sehr, sehr heiter." Das war ein beglückender Erkenntnisprozess, aber der Druck der Schmerzen, die Übelkeit und der Verfall des Körpers wurden jetzt so schier unerträglich, dass sie unter diesem Druck zu einem ungewöhnlichen Erleben kam: „…Man taucht sozusagen, das ganze Elend bewusst erleidend, hindurch und auf einmal öffnet sich der Raum und eine unendliche Weite tut sich auf. In dieser Weite ist eigentlich nur noch Frieden und Freude und unendliche Liebe. Was eben für mich als Buddhistin so wirklich wunderbar ist, dass die Krankheit mich sozusagen an das Verständnis von Leerheit geführt hat, …dann begreife ich mit jeder Zelle, was es heißt: Leerheit, dass einfach in der Leerheit der Schmerz und die Krankheit nicht mehr existieren, dass Klarheit und Leerheit untrennbar sind oder Liebe und Leerheit."

Viele Menschen fragen sich für ihr eigenes Sterben oder beim Tod von Verwandten und Freunden: „Was ist noch wichtig beim Sterben?" – Irmgard hat die Frage beantwortet.

Wünsche aufgeben, loslassen, auf Leerheit und auf Vergänglichkeit meditieren – das hat sie 30 Jahre praktiziert. Ihr Sterben und die tiefgreifenden Erfahrungen, die sie in diesem Prozess gemacht hat, waren eine reife Frucht, die ihr in der letzten Zeit ihres Lebens in den Schoß fiel. „Jetzt ernte ich die Frucht meiner ganzen Begegnungen und erfahre sie so, als kämen sie jetzt vor dem Sterben zur Reife."

Wünsche aufgeben, sich auf Erfahrungen einlassen und Erleben von Leerheit sind in der heutigen Zeit keine Prozesse, die wir anstreben. Und genau deshalb sind die Aussagen von Irmgard für uns so wichtig.

# Auszüge aus dem Interview
# mit Yesche Udo Regel

Das Interview fand fast drei Jahre nach dem Tod von Irmgard Lauscher-Koch am 8.7.2010 in Bonn statt.

*Andreas Epp*: Welchen Eindruck hattest du am Anfang ihrer Krebserkrankung? Ab wann wusste sie es und wann ging sie zum ersten Mal deshalb zum Arzt?

*Yesche*: Das war im Jahr 1999. Ich war einmal mit Angelika, meiner jetzigen Ehefrau, bei ihr in der Volksgartenstraße in Köln zu Gast. Ihr Partner Karl war auf der Beerdigung seiner früheren Frau, die gerade an Krebs gestorben war. Und er sollte dann irgendwann wiederkommen und Irmgard sagte uns, dass sie auch gerade eine Krebsdiagnose bekommen hatte, von der Karl noch nichts wüsste. Er kam gerade von der Beerdigung seiner ersten Frau und würde bald erfahren, vielleicht noch am selben Tag oder am Tag danach, dass seine jetzige und damals ja auch schon langjährige Partnerin Irmgard einen Brustkrebs entwickelt hat. Und ich hatte gerade eine Freundin gefunden und hörte dann diese Geschichten, wie es weiter gehen kann, wenn man älter wird.

*Andreas*: Was machte sie an diesem Tag für einen Eindruck auf dich?

*Yesche*: Gut. Sie war ruhig. Ihre einzige Sorge war, dass sie das nun dem Karl mitteilen müsste. Sie selber wirkte damit sehr ruhig und gelassen.

*Andreas*: Sprach sie denn schon damals davon, dass sie keine Schmerzmittel nehmen will und auch keine Chemotherapie machen möchte und so weiter, oder war das noch viel zu früh?

*Yesche*: Ich weiß nicht mehr genau, ob sie darüber gesprochen hat und das damals schon im Sinn hatte, wohl eher nicht. Aber ich erinnere mich, dass sie sehr ruhig wirkte.

*Andreas*: Warum hat sich Irmgard dazu entschlossen, keine Schmerzmittel zu nehmen?

*Yesche*: Das war in einem späteren Stadium, als sie sich viel in Weibern in der Eifel aufhielt, so um 2005. Ich erinnere mich, dass ihr dortiger Hausarzt natürlicherweise wollte, dass sie alle möglichen Therapien macht und Schmerzmittel nimmt. Den mochte sie zwar als Mensch, aber ich erinnere mich, dass sie sagte, dass die frühere kleinere Brustoperation nicht viel gebracht hätte und sie seinen medizinischen Vorschlägen nicht zu folgen gedenkt.

*Andreas*: Dann war der Krebs ja schon weiter fortgeschritten, denn es war ja schon fünf Jahre nach der Diagnose!

*Yesche*: Ich weiß nicht, ob sie vorher Schmerzen dabei hatte. Krebspatienten haben oft phasenweise keine Schmerzen.

*Andreas*: 2005 war wohl die Phase, in der klar wurde, dass ihr Krebs nicht heilbar ist. Und da entschied sie sich dann auch keine Medikamente, weder Chemotherapie noch Bestrahlungen, noch Schmerzmittel zu nehmen, zumindest keine schulmedizinischen. Homöopathische Mittel und Mistelpräparate nahm sie ja. Und was war nun der eigentliche Grund, weshalb sie keine Schmerzmittel nahm?

*Yesche*: Ich denke, sie nahm sich da schon vor, mit den ihr bekannten Methoden – mit ihrer Achtsamkeit, mit ihrem Verständnis von Atemarbeit und anderen Zugängen, sicherlich auch mit ihrer buddhistischen Praxis, die sie einfach intensivieren wollte – die Krankheit zu durchleben. Sie wollte sich nicht auf dieses Krankheitsgeschehen in einer Weise einlassen, dass sie den Weg der Medizin und der Krankenhäuser gehen müsste, sondern sie wollte in ihrem eigenen Zuhause sein und mit den ihr bekannten Methoden an Körper und Geist arbeiten.

*Andreas*: Jürgen Pilartz, dem befreundeten und behandelnden Arzt in Köln, gegenüber hat sie mal gesagt: „Ich habe nicht mein Leben dafür gearbeitet, meinen Geist klar zu bekommen, um ihn jetzt im Angesicht des Todes durch Schmerzmittel zu benebeln."

*Yesche*: Das kann sein. Sie hat danach gesucht, was sie machen kann, und sie hat sicher auch in dieser Zeit Veränderungen durchgemacht. Wir werden darüber noch sprechen. Es gab sicher Anfang 2006 eine Phase, in der sie Abstand vom Buddhismus genommen hatte, den sie für sich in dieser Zeit als nicht hilfreich befunden hatte. Aber es hat sich dann geändert. Sie hatte mehrere Ressourcen: ihre Veening-Atemarbeit; Focusing nach Eugene Gendlin, einen besonderen Achtsamkeitsansatz, der den Körper stark einbezieht. Vor allem war es die Veening-Atemarbeit, in der sie wirklich besondere Fähigkeiten besaß. Sie mochte sehr die tiefen Lehren aus dem Tibetischen Buddhismus, Mahamudra-Lehren über die Natur des Geistes und dergleichen.

Und dazu noch das Christentum: Vertrauen in eine Führung, eine Lenkung, in einen Sinn, das waren auch Themen für sie.

*Andreas*: In dem Interview, das du kurz vor ihrem Tode mit ihr geführt hast, erwähnt sie das Prinzip der Gnade Gottes, das sie spürt und das in keiner Weise mit buddhistischen Methoden und Praktiken kollidiert.

*Yesche*: Ja genau, ich weiß, dass sie gerne einige christliche Philosophen und Theologen las und dass sie einmal sagte, dass sie die Bedeutung des einzelnen Menschen oder Individuums, wie sie das Christentum betont, sehr schätzt. Das war auch etwas, was ihr am Buddhismus fehlte. Ihr waren die Biographien, die Lebensläufe von

Menschen sehr wichtig. Sie konnte auch anderen Menschen gut zuhören. Da mag es auch eine Idee von einer inneren Führung und der Bedeutung des persönlichen Lebens gegeben haben. Da fehlte ihr etwas Individuelles im Buddhismus. Und dann auch die persönliche Gnade, bei der ein höheres Wesen mit uns als „unerleuchteten" Geschöpfen Mitgefühl oder Erbarmen hat. Das waren Werte, die ihr ganz wichtig waren und über die sie auch ab und zu sprach.

*Andreas*: Ihre Tochter Dorothee hat mir erzählt, dass sie nach ihrem Empfinden, nach all ihrer Erfahrung mit ihrer Mutter, doch über Jahrzehnte, also etwa 1975 beginnend, eine sehr überzeugte und praktizierende Buddhistin gewesen ist. Dass man andere Einflüsse zwar sicherlich erwähnen müsse, dass aber schon der Buddhismus zusammen mit der Veening-Atemarbeit die zentrale Rolle in ihrem Leben spielte. Weißt du etwas über ihre Praxis? Hat sie seit 1975 bzw. seit 1981, als sie die Phowa-Meditation von Ayang Rinpoche gelehrt bekam, hat sie seit dieser frühen Zeit regelmäßig bzw. täglich buddhistische Meditationen durchgeführt?

*Yesche*: Ich denke schon. Sie hatte – ich habe es noch so als Bild vor mir – im Eifelort Weibern unterm Dach so etwas wie einen Meditationsplatz, an dem auch eine kleine Sammlung tibetischer Texte lag und Statuen standen, die ihr sehr wichtig waren. Da musste man diese Stiege hochgehen um ihr Allerpersönlichstes zu sehen. Das, meine ich, hätte es in der Kölner Wohnung nicht gegeben. Es war ein sehr schlichter, einfacher Meditationsplatz mit den uns bekannten tibetischen Puja-Texten.

*Andreas*: Sie war auch sehr diszipliniert. Dorothee erzählte, dass sie ein Vorbild an täglicher Praxis war. Nach ihrem Eindruck hat sie über viele, viele Jahre täglich eine Stunde oder länger buddhistische Meditation gemacht und genauso lange täglich auch Veening-Atemarbeit. Aber genauer weißt du es auch nicht?

*Yesche*: Die Gewohnheit täglich zu sitzen hatte sie ja noch in der Endphase gehabt. In Halscheid hat sie sich immer wieder aufgesetzt, sich ans Fenster gesetzt und hat, allein oder mit den Mitarbeitern des Retreat-Zentrums, täglich in Meditation gesessen. Wer das in den letzten Tagen und Wochen seines Lebens tut, der hat es auch zuvor so verinnerlicht, dass er es, solange es geht, nicht missen mag. Also, wie gesagt, der Meditationsplatz in Weibern, den ich mehrmals gesehen habe, der sah auch so aus...

Übrigens gab sie sich, wenn sie z.B. bei Kursen mit tibetischen Lamas Fragen stellte, immer sehr bescheiden, fast ein wenig, als wäre sie unbeholfen, so als wüsste sie nicht so richtig Bescheid, aber ich denke, das war ihre Art. Ich habe daraus nicht geschlossen, dass sie nicht weiß, wie sie zu üben vermag. Doch wenn es um tibetischen Buddhismus ging, da hat sie sich oft so gezeigt, als wäre sie sich ihrer Sache nicht so sicher. Aber ich denke schon, dass sie es übte.

Möglicherweise hat sie sich gegenüber ihren Kindern mehr als Buddhistin gezeigt – dem Partner Karl gegenüber vielleicht weniger. Und auch bei Kursen hat sie den Lamas gegenüber gerne eine Frage gestellt, wo sie ihren christlichen Hintergrund durchblitzen ließ. Sie hat sich nicht gerne angepasst bzw. auch Gegenpositionen eingenommen. Das schien die Art zu sein, wie sie lernen wollte.

*Andreas*: Weißt du denn etwas über ihren Tagesablauf in den letzten Jahren?

*Yesche*: Also bei ihr war ja immer diese besondere Stille, da würde nie ein Radio laufen, Fernseher oder so. Es wirkte immer sehr meditativ. Wo auch immer sie war – in ihren eigenen Räumen, ob sie in Köln war oder in der Eifel.

*Andreas*: Sie sah also kein Fernsehen und hörte kein Radio?

*Yesche*: Nein. Vielleicht hatte sie ein Radio, das sie schon mal anmachte. Aber sicher nicht, wenn man sie besuchte. Da war immer eine besondere Stille. Ich dachte auch immer, dass es daran lag, dass ihr Mann Künstler ist, weil die Räume, in denen sie sich aufhielt, immer aussahen wie eine Sammlung von Stillleben. Nicht unbedingt, dass sie besonders chic eingerichtet waren. Aber das ergab sich einfach aus der Achtsamkeit, mit der sie offenbar in diesen Räumen lebten.

Wenn sie etwas auf den Tisch stellte, dann hätte man das malen können, so sah es aus. Ich habe sie immer erlebt als jemanden, die diese feine Aufmerksamkeit und Stille um sich herum pflegt und kultiviert. Vielleicht noch nicht einmal so intentional, sondern auf eine ganz natürliche Art und Weise.

Das kann eigentlich nur sein, wenn sie tatsächlich auch Meditation praktiziert hat. Sie muss eine sehr starke natürliche Disziplin gehabt haben, um das aufrecht zu erhalten. Sie hat sich nie irgendwie chaotisch verhalten, sondern sie blieb in dieser Achtsamkeit auf sich selbst, auf die Umgebung und auf andere Menschen. Sie wirkte sehr zugewandt, wenn man sie besuchte.

*Andreas*: Das habe ich auch so erlebt.

*Yesche*: Ich bin zu ihr auch als Ratsuchender gegangen. Irmgard zu besuchen hieß auch immer Unterstützung zu empfangen. Selbst wenn es nicht vereinbart war, dass es ein Beratungsgespräch wird, es wurde einfach dazu, denn sie wandte sich dir so zu, dass es immer mehr um dich ging als um sie. Das zeigt auch wiederum, dass sie ein hohes Maß an Achtsamkeit und Mitgefühl besaß.

*Andreas*: Jetzt eine Frage, die bestimmt nicht einfach zu beantworten ist: In welche Phasen lassen sich die Jahre ihrer Krebserkrankung einteilen? Begonnen hatte es ja 1999, der Tod war 2007 – so sind das etwa sieben bis acht Jahre. Wir hatten ja vorher schon mal darüber gesprochen: Es gab Phasen, in denen sie sehr intensiv Buddhismus betrieben hat, und Phasen, wo sie Konflikte mit dem Buddhismus hatte, vielleicht mehr zum Christentum oder anderen Dingen tendierte. Und es gab auch Phasen, in denen sie doch sehr niedergeschlagen war, und solche, in denen sie einfach nur offen und glücklich war. Kann man das in irgendeiner Weise zeitlich in eine Reihenfolge bringen?

*Yesche*: Ich kann mich nur erinnern, dass ich eine Weile gedacht habe: „Sie hat doch Krebs", aber es war ihr nicht besonders anzusehen. Sie verhielt sich so, das war in den frühen 2000er-Jahren, dass sie einfach mit allem weiter gemacht hat. Und es ging ihr sehr um Karl, der ja auch krebskrank wurde. Wir haben das noch gar nicht erwähnt. Karl Burgeff bekam einen Gehirntumor und starb vor ihr. Bevor sie richtig merkte, dass sie sehr krank war, ging es um die Krankheit von Karl[3].

Er war auch in ihren Augen ein sehr bedeutender Mann und Künstler, dessen Lebenswerk sie schätzte und dessen Nachlass sie zu verwalten hatte, was sie dann auch noch vor ihrem eigenen Lebensende abgeschlossen hat.

Es ging für sie sehr um ihn, es ging nicht um sie. Sie sprach mehr von ihm als von sich selbst. – Ich war auch bei Karl, kurz bevor er im Hospiz starb und auch nachdem er gestorben war, im November 2005. – Zu dieser Zeit war sie ganz für ihn da. Und sie wirkte auch vital auf ihre Weise. Ich

---

[3] Professor Karl Burgeff war Bildhauer, Zeichner und Professor für Kunst in Köln. Über ihn gibt es viel Material. Er starb am 25.11.2005.

fragte sie manchmal, wie es ihr bei allem geht, und sie schien viel Kraft zu haben.

*Andreas*: Sie hatte also noch knapp zwei Jahre, um sich ohne Karl auf ihren eigenen Tod vorzubereiten?

*Yesche*: Nicht ganz, da ist sicherlich noch ein Jahr vergangen, wo sie sich ganz intensiv mit dem Nachlass von Karl beschäftigt hat. Als sie dann im Herbst 2006 damit einigermaßen fertig war, wurde auch ihre Erkrankung deutlich schlimmer. Da begann sie sich selbst Ruhe zu gönnen. Sie hat dann zeitweise nur in Weibern gelebt.

*Andreas*: Dann kam ja die Krise, wo sie auch Probleme gegenüber dem Buddhismus spürte – Ende 2006?

*Yesche*: Ich weiß nicht, ob es eine Glaubenskrise war...

*Andreas*: Kann man das in irgendeiner Weise fassen – hat es zu einer bestimmten Zeit angefangen? Oder war das mehr eine Winterdepression zusammen mit dem stärker werdenden Schmerz?

*Yesche*: Ich hatte den Eindruck, das war Karl, der Tod von Karl. Karl war ein christlicher Künstler. Er war zwar kein Kirchenmensch. Er war nicht in der Kirche im Sinne der Institution, aber die katholische Kirche war oft sein Arbeitgeber. Er war dafür viel zu unkonventionell.

Doch Karl Burgeff war nicht einfach nur christlicher Künstler, er war ein Weltenkünstler, kannte fast alle bekannten Künstler, die es gibt, manche persönlich. Er war

Professor für Kunst in Köln. Ich denke, er liebte Irmgard sehr und sie waren ein schönes Paar und passten wunderbar zusammen. Und als er gestorben war – sie lebte auch mit ihm in seiner Geisteswelt –, hat das sich sicherlich stark auf sie ausgewirkt.

*Andreas*: Und dann kam diese Krise, wo sie sich nicht sicher war, ob der Buddhismus ihr im Angesicht des eigenen Todes wirklich eine Hilfe sein könnte. Wie hat die sich geäußert? Du hattest da ja mal mit ihr telefoniert.

*Yesche*: Ich dachte, es kann nicht sein, dass sie mit buddhistischer Praxis gar nichts mehr zu tun haben will. Ich glaubte nicht, dass sie ein richtiges Glaubensproblem hatte. Es war nur, dass das, was sie unter Christus und Christentum verstand, einfach stärker geworden war. Vielleicht war das Buddhistische gar nicht weniger geworden. Ich denke nicht, dass sie irgendwelche Widerstände oder Zweifel geäußert hat. Sie sprach einmal bei einem meiner Besuche viel vom Christentum. Und dann nahm ich ja für sie diese Mantras auf, im Stupa des Kamalashila-Instituts in Langenfeld, das nur 9 km von Weibern entfernt liegt.

Dann habe ich ihr diese CD mit den Mantras gebracht. Daraufhin kam dieser berührende Anruf, wo sie sagte, sie hätte sie die ganze Nacht gehört und würde das immer weiter laufen lassen. Da hatte sie offenbar einen CD-Player. Und sie sagte irgendwie, dass das für sie etwas ganz Wunderbares sei und ihr all das, was ihr der Tibetische Buddhismus bedeutete, wiedergebracht hätte.

Ich sagte: „Das habe ich für dich aufgenommen." Also nicht irgendeine CD aus dem Laden oder so, sondern etwas, was jemand für sie gemacht hatte. Aber es waren wohl die Mantras selbst...

*Andreas*: Sie sagte im Interview, das du mit ihr im Juli 2007 aufgenommen hast, dass sie in ihrer buddhistischen Anfangsphase etwas Probleme gehabt hätte, sich als Gottheit, als Buddha-Aspekt, z.B. als Tara, Chenrezig usw., zu visualisieren, weil sie das als Christin so nicht kannte. Sich selber als Buddha-Aspekt zu visualisieren, dagegen hatte sie etwas Abneigung. Anfang 2007 sind dann die ganzen Zweifel und Ressentiments irgendwie abgefallen und sie hat sich in einer klaren Stimmung wiedergefunden, was sie mit allem versöhnt hat.

Ist das so richtig dargestellt oder wie würdest du das beschreiben?

*Yesche*: Ja, das, denke ich, kann man so sagen. Die Fragen, die sie in ihren jüngeren Jahren oft an Lamas stellte, gingen oft in diese Richtung. Das meinte ich mit dieser Zurückhaltung. Es mag dasselbe gewesen sein, wenn sie eine Einweihung empfangen hatte oder eine Belehrung über einen Buddha-Aspekt, eine Vajrayana-Praxis. Sie nahm daran teil und dann hatte sie das Gefühl, sie könne das doch nicht wirklich üben. Später hat sie dann tatsächlich mit dieser

Begründung gesagt, dass sie es als Blasphemie empfand, sich selber als Gottheit (Buddha-Aspekt) zu sehen. Dennoch hat sie diese Einweihungen über die Jahre hinweg erhalten, immer wieder. Sie hätte sich nie viele Bilder aufgestellt. In ihrer Wohnung gab es keine Bilder und keine Statuen von buddhistischen Gottheiten bzw. Buddha-Aspekten, außer zwei kleinen Statuen, einer Tara und einem Vajrasattva.

Selbst ihre Zweifel oder Gedanken habe ich für mich als sehr lehrreich empfunden. Sie standen im Zusammenhang mit dem, was ich eben schon einmal erzählte: ihre mitfühlende Sichtweise in Bezug auf das Individuum. Sie mochte Biographien, sie war Einzelnen sehr zugewandt, aufgrund ihrer Sichtweise, dass jeder einzelne Mensch in seinem Lebensweg eine Bedeutung hat. Und das war für sie auch ein christliches Konzept, ein humanistisch-christlicher Gedanke. Der einzelne Mensch ist wichtig und kostbar, einzigartig. Und das jetzt zu überblenden mit so etwas wie Buddha-Natur, und dass „alles, was du bist, nur deine Illusion" ist, „nur deine Anhaftung", das stimmte für sie nicht ganz. Da haderte sie etwas mit dem, was sie als buddhistische Philosophie kennenlernte.

Buddha-Aspekt-Praktiken erschienen ihr möglicherweise so: Statt eines persönlichen Kerns wird da ein überpersönlicher Kern angeschaut, den sie dann als exotisch und fremd empfand. Sie wäre sicherlich jemand, der in einer tieferen Wesensschicht doch noch so etwas wie eine persönliche Seele oder ein Individuum annehmen würde. Und ich glaube, das ist nicht nur ihr Zwiespalt. Sie hatte da Einblicke in eine tatsächliche Zwiespältigkeit, von der ich auch sagen würde, dass sie ihre Bedeutung hat.

*Andreas*: Ihre Botschaft, die sie die letzten Monate vor ihrem Tod herüber gebracht hat, ist wohl, dass sie keine Anhaftung mehr an ihren geistigen Phänomenen hatte, weder an ihren Schmerz noch an Konflikten, noch an familiären Angelegenheiten, so wie wir das eben besprochen haben. War sie denn durchgehend klar? War sie extrem glücklich in den letzten Monaten? Ich spreche jetzt von Juni/Juli/August 2007.

*Yesche*: Als sie mit dem Hören von Mantras anfing, dachte sie ja immer wieder, dass sie schon im Sterbeprozess begriffen war. Und da begann sie sich wieder ganz auf ihre buddhistische Praxis auszurichten. Sie verstand auch, dass jetzt, wo es ums Sterben ging, es um ein Darüber-hinaus-Gehen über die subjektive persönliche Ebene gehen muss. Diese war ihr im Leben sehr wichtig gewesen. Doch dann verstand sie, wofür diese Lehren, die ihr so unpersönlich zu sein schienen, da waren. Sie verstand plötzlich die Methoden, in denen mit Gottheiten (Buddha-Aspekten) „gearbeitet" wird, oder eine Phowa-Praxis, bei der man den Geist in den Raum schleudert. Nun wusste sie, wofür das da ist.

*Andreas*: Für einen Außenstehenden, der mit Buddhismus weiter nichts zu tun hat, ist das befremdlich und man denkt vielleicht, dass Buddhisten da extreme Sachen praktizieren wie das Herausschießen des Geistes aus dem Körper und so weiter. Konntest du diese Neigung zum Mystischen an ihr feststellen?

*Yesche*: Nein. Wir haben ja manchmal die Phowa-Meditation miteinander gemacht, als ich sie in Weibern besuchte, auch gemeinsam mit der Nonne Anka Wangmo, vielleicht dreimal, höchstens fünfmal. Anka Wangmo war auf Irmgards Wunsch hin aus dem Retreat-Zentrum Halscheid zu ihr nach Weibern gekommen, um bei ihr zu sein und sie zu pflegen. In dieser Zeit haben wir ab und zu Phowa miteinander gemacht. Das sah so aus, dass Irmgard im Bett lag. Vielleicht nahm sie einen Phowa-Text in die Hand und blätterte darin, aber im Wesentlichen saß ich oder dann auch Anka bei ihr und wir machten die Phowa. Irmgard hörte sich das an. Vielleicht las sie ein bisschen still mit. Und dann bei den Überführungs-Meditationen, wo man das Bewusstsein durch den Zentralkanal nach oben in den Raum lenkt, da war sie ganz still und andächtig. Und wenn dann so eine Praxis vorbei war, dann war es sicherlich ein paar Mal so, dass sie sagte: „So, das ist jetzt genug für heute."

*Andreas*: Man kann sich Irmgards Geisteszustand also nicht so vorstellen, dass sie in höhere Sphären abgedriftet ist, sondern man muss ihn sich so vorstellen, dass er sehr gegenwärtig war und sehr klar war?

*Yesche*: Ja, sie war auf eine nüchterne, sanfte Weise präsent. Aber sie hatte einen Charakterzug, der manchmal sehr deutlich herauskam: Sie konnte auf eine ganz sanfte Art streng werden. Vielleicht würde sie sich manchmal abgrenzen oder mitteilen, dass ihr etwas zu viel wird oder dass es genug sei. Sie konnte auch wie eine strenge Lehrerin sein. Ich weiß noch, dass ich einmal zu ihr kam und es mir nicht besonders gut ging, und dann wurde sie sehr ernst und sagte: „Du gehst auch nicht richtig mit deinem Körper um." Oder: „Du hast kein gutes Verhältnis zu deinem Körper", oder: „Du verstehst Krankheit nicht." Da war sie sehr direkt.

*Andreas*: Sie kannte sich in verschiedenen Therapien aus und war für dich auch eine Ratgeberin. War sie immer klar? Hat sie Buddhismus und Meditation nie als Flucht verwendet? War sie einfühlsam und verständnisvoll, trotz ihrer schweren Beschwerden und Krankheit? Kann man das so sagen?

*Yesche*: Ja, das kann man sagen. Vielleicht war sie am Schluss in dieser Klarheit gelegentlich willensbetont. Zum Beispiel sagte sie in Halscheid: „Ich will jetzt aufstehen, kann mich bitte jemand ans Fenster setzen. Ich will dort meditieren." Da war so etwas Willensbetontes. Es war aber nicht abgehoben. Es war sehr hier. Wie soll ich sagen? Sie war dort gleichzeitig ein Pflegefall und sie hatte die Zügel in der Hand. Sie entschied, wer bei ihr im Zimmer sein sollte und wann er oder sie wieder gehen würde. Sie wirkte immer wie jemand, die wusste, was sie als nächstes wollte.

# Was bringen Irmgards Erfahrungen uns, die wir heute leben?

Der Sterbeprozess von Irmgard war ungewöhnlich und auch ihr Leben entsprach nicht dem gängigen Muster von uns heute lebenden Menschen. Sie sah kein TV, hörte kein Radio, nur selten Musik. Sie kultivierte Stille und Aufmerksamkeit auf ihren Körper und auf die Außenwelt.

Für uns in der heutigen Zeit erscheint diese Lebensführung schwierig und widerspricht unseren Gewohnheiten.

Wenn wir jedoch unseren Tod vor Augen haben und uns fragen, wie wir uns auf unser Sterben vorbereiten können, ist es notwendig, zwanghafte Ablenkung – was alle Medien ja letztendlich sind – zu vermeiden, weil dies uns daran hindert, die Welt achtsam zu erleben.

Achtsamkeit – auf die eigenen Gefühle, auf die Außenwelt, auf den Atem, auf den eigenen Körper und auch auf die eigenen Gedanken – kann man lernen und kultivieren. Wenn man es im Leben beherrscht, nützt es einem auch beim Sterben. Dafür sind Phasen der Stille, der Reizminimierung sehr förderlich. Das ist eine der zentralen Botschaften von Irmgard.

Wenn das „Kleben" an der Ablenkung etwas verringert wurde, kann man sich der Entledigung des „Klebens" an

Wünschen, Erwartungen, Erinnerungen und Zukunftsplänen zuwenden. Diese Übung besteht aus dem Erfahren und Erkennen des „Klebens" und dem darauf folgenden Loslassen. Loslassen sollte auf vielen Ebenen geübt werden, immer wieder, dann fällt es uns auch beim Sterben leicht und wir gehen glücklich in den Tod.

Unser ganzes Spektrum des Leidens, vom unerträglichen körperlichen Schmerz bis zum ganz leichten Sich-unwohl-Fühlen, ist genau in dem Glauben begründet, nicht loslassen, nicht umschalten zu können, oder auch unbedingt loslassen zu müssen. Wir billigen diesem Leidensprozess etwas Festes, Reales, Ewiges zu.

Würden wir zutiefst glauben, dass wir in jedem Moment vom Festhalten aus loslassen, umschalten *können*, weil wir es schon häufig bewusst erlebt haben, wäre unser Erleben des Leidens trotz Schmerzen, trotz Depression verschwunden.

Der Glaube an das Umschalten-Können sollte unerschütterlich sein. Das wird er, indem er wahr wird. Indem wir es immer wieder erleben: Eben war das Leben noch aussichtslos, jetzt ist es schön. Eben hat mich mein Schmerz gestört, jetzt ist er mir gleichgültig. Eben war der Himmel grau und bedrückend, jetzt erlebe ich die phantastisch schönen Muster in den grauen Wolkenformationen.

Wenn man sich die Möglichkeit des Umschaltens klar gemacht hat, möchte man natürlich diese Möglichkeit auch wahrnehmen. Man will es, man hat den Impuls in sich: Ich will von der negativen Erfahrung zur positiven! Aber genau das verfolgt man nicht weiter. Man ist von seinen Problemen eingenommen, besetzt und fühlt sich mit ihnen unwohl. Wir bemerken das, wir akzeptieren es. Wir erwarten gar nicht, dass unsere Situation sich verändert. Wir erwarten nicht einmal Hilfe durch den Buddhismus!

Sämtliche Erwartungen geben wir auf. Wir erleben in der Geistesübung, beispielsweise in der Meditation, wie eine ständige Veränderung stattfindet. Weder die Sinneseindrücke noch die Emotionen, noch unsere körperliche Befindlichkeit bleiben konstant. Trotzdem können wir das klar und ruhig erleben. Geistige Klarheit im Bewusstsein der Vergänglichkeit findet statt. Diese Erfahrungen helfen uns auch beim Sterben. In der Meditation akzeptieren wir den Schmerz mit Gleichmut, die unangenehmen Gedanken kommen und gehen, werden stärker und schwächer. Wir lernen unseren Geist kennen, die Inhalte der Gedanken sind nicht maßgebend.

# Buddhismus als praktische Hilfe

Irmgard nutzte den Buddhismus als konkrete Unterstützung für ihr eigenes Leben. Sie war weniger an philosophischen oder theoretischen Aspekten interessiert als an praktischen Methoden und neuen Sichtweisen. Sie verband das mit einem wohl täglichen Training der Veening Atemarbeit, für die sie auch Lehrerin war. Atemarbeit nach Veening ist vom buddhistischen Standpunkt am ehesten mit einer speziellen Shamata-Meditation zu vergleichen.

Natürlich hatte sie die grundlegenden Überlegungen der buddhistischen Lehre ausgiebig studiert und verinnerlicht. Diese kann man – stark verkürzt – folgendermaßen zusammenfassen:

1. Leiden im Sinne von „Dukkha" entsteht durch „Haben-Wollen" und „Nicht-haben-Wollen". Durch Anhaftung und Ablehnung.

2. Das Ich ist aktiv als egoistischer Faktor. Alles, was er mag, greift er. Alles, was er ablehnt, stößt er weg.

3. Die Täuschung von einem festen Ich, die Ich-Illusion, ist Ausdruck der relativen Welt, die sich in permanenter Veränderung befindet. Ich = Subjekt; Außen = Objekt.

4. Der Ausweg, der Weg zur Befreiung, ist das Nicht-Identifizieren, das Auflösen der Ich-Positionen, also das

Loslassen von Ichvorstellungen und von starren persönlichen Welterklärungsmodellen für alle Bereiche des Lebens.

Wenn man Buddhismus aus der rein praktischen und nützlichen Perspektive betrachtet, so ist die Lehre Buddhas sehr einfach. Man kultiviert Stille, Ruhe, Achtsamkeit und liebevolle Anteilnahme im eigenen Geist. Das beginnt in kurzen Meditationen und reicht dann später in das tägliche Leben hinein. Buddhismus ist das Erkennen von starren geistigen Konzepten und das Zur-Ruhe-kommen-Lassen derselben. Dann entsteht automatisch Klarheit, Freude und Empathie.

Der buddhistische Weg beginnt mit der Bereitschaft, mit seinem eigenen Geist arbeiten zu wollen. Am Anfang geht es ein wenig in Richtung Wellness. Schön entspannen, genießen, den Körper und den Geist spüren.

Dieses „zur Ruhe kommen" ist der erste Schritt. Danach praktiziert man, ohne in Schläfrigkeit abzugleiten, Wachheit und Achtsamkeit.

In einem weiteren Schritt beschäftigt man sich mit seiner Motivation und kultiviert den Wunsch, dass man selbst und die anderen Lebewesen glücklich sind (Metta-Meditation). Dies bewirkt auch, dass sich die übermäßige Ich-Bezogenheit lockert.

Weitere Schritte folgen danach.

Erst durch diese praktischen Übungen können die Ausführungen Buddhas im eigenen Leben Fuß fassen.

Die grundlegenden Prinzipien der Lehre Buddhas sind sehr leicht nachzuvollziehen. Ihre praktische Verwirklichung im eigenen Geist kann jedoch langwierig sein – der Rat von Spezialisten, also buddhistischen Lehrern, ist in der Regel notwendig.

# Leerheitserfahrungen in Irmgards Sterbeprozess

## 1. Leerheit als unerklärbare Erfahrung

Persönliche Erfahrungen, wenn sie anderen über Worte dargestellt werden, werden leicht missverstanden. Auch Emotionen und Stimmungen lassen sich verbal nur ansatzweise vermitteln. Worte können die echte Erfahrung einfach nicht transportieren.

Was für das Alltagserleben gilt, kann auch auf spirituelle Erfahrungen übertragen werden. So verstehen wir Worte wie „Glückseligkeit" oder „Großes Glück" (Mahasukha) nicht in adäquater Weise, weil der persönliche Erfahrungshintergrund fehlt und wir diese Begriffe mit unzutreffenden Vorstellungen verbinden.

Ein echtes Verstehen solcher Prozesse kann nur durch eigene Erfahrung stattfinden. Über eine persönliche Öffnung, eine Grundhaltung von Offenheit und eben nicht primär über ein verbales und intellektuelles Verstehen.

Bei der Erfahrung von Leerheit, wie Irmgard sie beschreibt, handelt es sich nun nicht um eine bestimmte Emotion, sondern um ein spezifisches Erleben der Wirklichkeit, also aller Sinneseindrücke, Gedanken und Emotionen.

Diese Erfahrung ist mit Worten nicht beschreibbar, wird aber auch nicht als „Neben-sich-Stehen" erlebt. Yogis sprechen von einem Nach-Hause-Kommen und In-Natürlichkeit-Sein.

## 2. Leerheit und körperliches Leiden im Verständnis von Dukkha

Hier sprechen wir zunächst über körperliche Prozesse, die klar als Leiden erfahren werden, also: Schmerzen, Übelkeit, Verkrampfungen, Zuckungen etc. – sozusagen der „grobe Aspekt des Leidens am physischen Körper". Um es zu vereinfachen, stellen wir die körperlichen Schmerzen in den Mittelpunkt der Betrachtungen. Es wird der Schmerz als ein körperliches Ereignis wahrgenommen, das auf einen Bereich konzentriert ist, zum Beispiel: Die rechte Hand tut mir weh, mein Zeigefinger schmerzt besonders. Es gibt den Schmerz und den Ort des Schmerzes.

Dann gibt es den Wunsch, den Schmerz weghaben zu wollen. Also das Auftauchen von Aversion.

Und es gibt das Gefühl, dass der Schmerz gar nicht mehr aufhören will, einen dauerhaft belästigt und die Lebensfreude zerstört.

Es gibt also unterschiedliche Prozesse:
- die Empfindung des körperlichen Reizes
- die Interpretation als Schmerz und leidhaften Prozess
- die Gedanken, die in Richtung „Weg-haben-Wollen", „In-eine-andere-Zeit-Wollen", „An-einen-anderen-Ort-Wollen" tendieren.

Besonders die letzteren Gedanken wie die Verzweiflung und die Wünsche werden im Buddhismus als „Dukkha" (oft mit „Leiden" übersetzt) bezeichnet. Dieses Gefühl von Dukkha durchzieht in verschiedenen Ausprägungen unser gesamtes Leben. Es ist verbunden mit einem Ich, einer Ich-Vorstellung: „Ich habe Schmerzen, ich fühle mich verzweifelt, ich will hier weg."

Bezüglich der Schmerzen geht es also im Buddhismus nicht darum, die Schmerzen nicht mehr zu spüren und sie zu betäuben. Es geht vielmehr darum, die Identifizierung mit dem Schmerz aufzugeben sowie seine permanente Veränderung zu erleben. Diese Nicht-Identifizierung findet automatisch statt, wenn die Ich-Identifizierung nachlässt. Wo niemand ist, kann durchaus Schmerz sein, er wird aber nicht mehr als Dukkha erlebt.

Möglicherweise führte bei Irmgard gerade die extreme Intensität von Schmerzen, Übelkeit und Bewegungsunfähigkeit dazu, dass sie wirklich alle Ich-Konzepte, alle Wünsche, alle Zukunftserwartungen loslassen musste, um sich vom Diktat ihres Körpers zu lösen. Es gelang ihr dann auch, weil sie es über Jahre bei körperlicher Gesundheit schon geübt hatte. Glücklicherweise war sie dann zwei Monate vor ihrem Tod in der Lage, uns Außenstehenden davon zu berichten.

## 3. Irmgards persönliche Erfahrungen während des Sterbens

Irmgard hatte Leerheitserfahrungen, während derer sie sich befreit und glücklich fühlte. Der Schmerz wurde dann nicht mehr als leidvoll erfahren. Sie hat damit etwas erlebt, wovon viele Menschen nur in Büchern gelesen haben.

Nach Berichten ihrer Angehörigen kann man annehmen, dass die leidvolle Erfahrung des extremen Schmerzes sie jedoch nachts manchmal einholte. Sie hat sich dann auch mit Musik abgelenkt. Über den Tag war sie wohl immer wieder in der Lage, die Schmerzen nicht mehr als Dukkha zu erfahren und sich – nach ihren Worten – der „Erkenntnis der Leerheit" zu nähern bzw. sie zu erleben. Dieses Erleben ist natürlich kein Gegenmittel oder eine Methode gegen Schmerzen, sondern stellt sich spontan ein, wenn Identifizierungen aufgegeben werden.

Im tibetischen Buddhismus ist das Erkennen der Leerheit des eigenen Geistes nicht mit irgendeinem ichbezogenen Zweck oder Ziel verbunden. Das Überwinden der Leidhaftigkeit von eigenen körperlichen Beschwerden steht dann nicht mehr als Absicht im Vordergrund.

Im Übrigen ist es so, dass der Geist Leerheit als seinen natürlichen Zustand besonders leicht erkennt, wenn er in einer extremen Situation ist und sich in dieser entspannt – und sich somit nicht mit ihr identifiziert.

Man kann sagen, dass Irmgard die großartigen Gelegenheiten, die ihr der Schmerz und ihre anderen körperlichen Beschwerden gegeben haben, genutzt hat, um ihren Geist zu erkennen. Sie ist eben oft nicht in Verzweiflung und „Leidverhaftung" abgedriftet, sondern hat die Identifikation damit immer wieder losgelassen.

Auch das sind Erfahrungen, die für uns, die wir unseren Tod noch vor uns haben, nützlich sein könnten.

Es gibt noch einen weiteren Aspekt, der beim Sterbeprozess eine Rolle spielt. Das Aktiv-Werden von Erinnerungen und gewohnheitsmäßigen Konzepten. Man ist mit seiner Person, mit seinen individuellen Eigenschaften und Erfahrungen vermeintlich verschweißt. Sie zu erleben ohne sich mit ihnen zu identifizieren ist für Anfänger recht schwer, weil dies nicht unseren Gewohnheit entspricht. Wenn also zum Beispiel Kindheitserinnerungen hochkommen, dann kann man diese häufig nicht entspannt betrachten, sondern sie haben eine große Dominanz, eine extreme Wichtigkeit, zumal in einem alternden Gehirn. Gleiches gilt für Pläne oder Überzeugungen.

Es nützt nichts beim Erleben dieser Prozesse, sie vergessen oder verdrängen zu wollen. Im Gegenteil, es bietet sich ja genau dann die seltene Gelegenheit, dass man diese Prozesse als solche erkennt.

Das einzige, was man sinnvollerweise tun kann, ist, sie zu erkennen und sich beispielsweise zu sagen: „Aha, Kindheitserinnerung." Damit macht man sich die eigene Situation in Achtsamkeit klar, ohne in den Erlebnisprozess aktiv einzugreifen.

Es kann dann die Frage auftauchen: „Jetzt, wo ich von meinen Erinnerungen und Vorstellungen geflutet werde, woran soll ich denn denken, wenn sie mich beherrschen wie eine Fremdsteuerung und ich dem entkommen möchte?"

Wenn sozusagen die „Fähigkeit des Loslassens" in der Meditation nicht voll ausgebildet wurde und man dazu während des Sterbens nicht in der Lage ist, gibt es noch weitere Möglichkeiten um sich dem Diktat, der Macht der eigenen geistigen Konzepte zu entziehen. Eine davon ist der Altruismus, der schon vor dem Sterbeprozess in der Meditation und im täglichen Leben praktisch geübt werden sollte. Wenn wir unseren Geist auf andere Lebewesen richten, verringern wir automatisch die Wichtigkeit und die Schwere unserer eigenen ichbezogenen Erinnerungen und Konzepte.

Diese altruistische Ausrichtung, für die es verschiedene „Methoden" und Texte zur Rezitation gibt, schafft automatisch Weite in unserem Geist. Das bedarf einer längeren

Gewohnheit und einer Anleitung. Unsere Probleme, unsere Ichbezogenheit verlieren dadurch an Dominanz.

Und genau dieser Prozess nähert uns der Erfahrung von Leerheit an.

Es gibt somit mindestens zwei Vorgehensweisen: Das immer wiederholte Einüben des Loslassens aller Gedanken, Konzepte, Stimmungen und Positionierungen und das Ausrichten des Geistes auf andere Lebewesen im Sinne von guten Wünschen und altruistischem Denken und Handeln.

Altruismus ist besonders für sehr egoistische Menschen, die ständig nach ihrem persönlichen Nutzen fragen, schwer zu erreichen. Diese Menschen können am Anfang damit beginnen, dass sie sich klar machen, wie Ich-Fixierung zu Problemen, schlechter Stimmung und letztendlich zu großem eigenen Leiden führt.

Deshalb wäre es eigentlich schon aus egoistischen Gründen sinnvoll, sich zu überlegen, wie man den Egoismus aufgibt.

Im buddhistischen Praxis-System gibt es die so genannte Metta-Meditation, eine Gruppe von Übungen, bei denen man sich andere bekannte und unbekannte Lebewesen vorstellt und ihnen gute Wünsche sendet. Diese Metta- (auch Maitri-) Meditation gilt als Grundlage für alle buddhistischen Wege. Metta kann man mit „liebevoller Anteilnahme" oder auch mit „Liebe" oder „Sympathie" übersetzen.

Es hilft auch zu erkennen: Das „Ich" existiert eigentlich gar nicht wirklich als eigenständige, feste Einheit, wenn man es einmal genau analysiert.

Leerheitserfahrungen können sich einstellen, wenn man die egoistischen Vorstellungen, die Ich-Fixierung, losgelassen hat. Es ist eine Bewegung von der Enge des Ichs in die Weite der Unbegrenztheit.

Genau wie es Irmgard beschrieb: „...In dieser Weite ist eigentlich nur noch Frieden und Freude und unendliche Liebe."

# Interview mit Lama Kunga Dorje über den Tod von Irmgard Lauscher-Koch

Lama Kunga Dorje ist seit 1998 der Meditationslehrer und „Retreat-Meister" des Drei-Jahres-Retreat-Zentrums in Windeck-Halscheid – der Ort, an dem Irmgard Lauscher-Koch ihre letzten Wochen bis zum Tod verbrachte. Lama Kunga Dorje besuchte in dieser Zeit Irmgard häufig in ihrem Zimmer und führte nach ihrem Tod auch die üblichen Rituale zur Sterbebegleitung durch.

Das Gespräch führte Yesche U. Regel am 31. August 2012 im Kamalashila Institut, Langenfeld in der Eifel.

*Yesche*: Irmgard starb am 8. September 2007 in Halscheid, wo du der Retreat-Meister bist. Dies war die Zeit, wo zwischen zwei Drei-Jahres-Retreats gerade eine Pause war. Anka Wangmo, Ani Drönma und Patrick waren im Haus und sie halfen ihr während dieser Zeit. Du hast sie auch öfters gesehen. An was erinnerst du dich? Wie hast du die Anwesenheit von Irmgard im Zentrum erlebt?

*Lama Kunga*: Ich war zu dieser Zeit dort. Einmal habe ich sie noch in ihrem Haus [in Weibern in der Eifel] besucht. Anka Wangmo war auch dort und sie half Irmgard. Da war sie ziemlich okay. Sie war friedlich und sagte, dass sie keine Schmerzen habe. Sie hatte aber wenig Energie. Auch mental sei sie sehr friedvoll, sagte sie zu mir, und sie sei auch glücklich. Sie führte das auf ihre Meditationen und den Kontakt zu Thrangu Rinpoche zurück. Sie spürte seinen Segen. Sie sprach auch davon, dass ihr Beruf etwas mit Meditation zu tun habe und dass sie das sehr glücklich und den Geist sehr friedvoll stimmte.

Deswegen erlebe sie keinen Schmerz. Sie dachte so. Ich sprach mit ihr ein wenig, und das war noch bei ihr zu Hause, und dann kam sie nach Halscheid. Dort habe ich sie zwar nicht jeden Tag gesehen, aber ich habe sie doch immer wieder in ihrem Zimmer aufgesucht. Sie lag dann im Bett und war schwer krank. Wenn ich ins Zimmer kam, dann erkannte sie mich. Sie öffnete die Augen und begann zu sprechen. Dann sprach ich auch manchmal zu ihr über den Tod.

*Yesche*: Du sprachst mit ihr über den Tod?

*Lama Kunga*: Ich sagte zu ihr: „Du bist jetzt alt und weißt auch, wie alt du bist. Und du weißt auch, was du im Leben alles getan hast, was es da für positive Dinge gab. Nun ist die Zeit, sich dieser guten Dinge zu erfreuen. Und wenn es auch negative Dinge gab, dann lasse diese sich in die positiven Dinge auflösen. Die ganzen negativen Dinge existieren nicht mehr, wenn du sie in die positiven auflösen kannst." Das sagte ich zu ihr. Dann sagte sie zu mir, dass ihr Leben eigentlich ganz wundervoll verlaufen sei. Es war eine gute

Zeit und es war ihr klar, dass sie auf jeden Fall bald sterben würde. Sie würde dann auch nicht leiden.

*Yesche*: Das bedeutet, dass sie den Tod schon akzeptiert hatte?

*Lama Kunga*: Sie wusste es genau und auch, dass sie dabei nicht leiden würde. Sie sagte, dass sie sehr glücklich sei. Sie wollte nicht mehr an einen anderen Platz gehen, denn in Halscheid konnte sie auch gut für sich alleine sein. Dort kamen nicht viele Menschen hin. Sie wollte in Ruhe sterben. Aus meiner Sicht – und auch aus der Sicht des Tibetischen Buddhismus – ist es so, dass viele Praktizierende und Lehrer, wenn sie sterben, sich auch nur einen friedvollen Ort wünschen, an dem sie in Ruhe gelassen werden. Sie verstehen den Tod und leiden nicht. Und Irmgard war eine Westlerin, und in meinen Augen war sie auch eine sehr gute Praktizierende. Sie verstand, dass sie sterben musste, und hing nicht allzu sehr an ihrer Familie. Sie wollte ihren eigenen Weg gehen. Sie hatte so mehr Freiheit.

Ich bin nicht dauernd zu ihr ins Zimmer gegangen, denn sie war ja schon in diesem glücklichen Zustand. Kam ich aber zu ihr, dann lag sie da und es war deutlich, dass sie sehr krank war. Und dann haben wir zusammen gesprochen.

*Yesche*: Warst du überrascht, dass eine westliche Frau so sein konnte, wie Irmgard es war? Hast du andere westliche Menschen gesehen, die auch so mit dem Sterben umgingen?

*Lama Kunga*: Ich sah noch zwei andere Westler sterben. Beate von der Heyden-Abelmann und jemanden in der Schweiz. Letztere war aber keine Buddhistin. Da war ich nur fünf Minuten anwesend und dann musste ich wieder gehen. Sie muss dann bald gestorben sein und war auch sehr friedvoll, hatte keine Schmerzen, sprach sehr freundlich und wirkte sehr zufrieden. Auch diese Person freute sich, dass ich gekommen war, und sprach dankbar über ihr Leben. Sie sagte, sie sei froh, noch einem buddhistischen Mönch begegnet zu sei.

Irmgard war nun auch eine Westlerin und man könnte meinen, die Westler seien alle keine guten Praktizierenden. Sie seien Neulinge im Dharma [Buddhistischen Weg]. Als ich zum ersten Mal in den Westen zusammen mit Thrangu Rinpoche nach Nordamerika kam, da sah ich Westler meditieren und wunderte mich darüber, dass diese meditierten. So etwas hatte ich noch nie gesehen. Ich sagte zu Rinpoche im Scherz: „Die können doch nicht etwa meditieren?!" Aber mit der Zeit habe ich das verstanden. Und wenn ich dann Menschen sterben sah, dann hab ich gesehen, dass sie die Praxis respektierten und sie die positiven Ergebnisse ihrer Praxis in sich tragen. Und so denke ich, dass es für Westler genauso ist wie für uns Asiaten oder Tibeter.

Auch wir sind nicht immer glücklich. Und Westler wiederum können sich auch in Konzentration üben und den Geist zur Ruhe bringen. Und nicht zuletzt gibt es auch viele tibetische Praktizierende, die den Tod nicht richtig verstehen und akzeptieren können. Irmgard war keine Nonne, sondern eine Laien-Praktizierende, und doch denke ich, dass sie großartig war.

*Yesche*: Hast du manchmal bemerkt, dass Irmgard Angst gehabt hätte? Hat sie über Ängste gesprochen?

*Lama Kunga*: Eigentlich nicht. Sie sprach darüber nicht, und zumindest was ich gesehen habe, da hatte ich nicht den Eindruck, dass sie Angst hätte. Als sie dann gestorben war, trat ich an sie heran und betrachtete ihren Leichnam und auch dieser wirkte sehr friedvoll. Ich sah mir ihre Haare an, und alles war in Ordnung. Manchmal bekommt man in der Nähe eines Leichnams ganz merkwürdige Gefühle. Ich habe in Tibet sehr viele Leichen gesehen. Wirklich sehr, sehr viele. Verglichen damit wirkte sie sehr friedvoll und schön.

*Yesche*: Hast du jemals mit Irmgard zusammen meditiert und zum Beispiel an ihrer Seite Mantren rezitiert?

*Lama Kunga*: Wir haben Weiße Tara, die Meditation eines weiblichen Buddha-Aspektes, praktiziert, denn Thrangu Rinpoche hatte ihr das empfohlen. Das war so etwas wie ihr Yidam[4] und sie praktizierte manchmal auf die Weiße Tara. Sie mochte jedoch die tibetische Lautschrift nicht lesen und so zeigte ich ihr, wie man die Weiße Tara praktiziert. Das

---

[4] Yidam ist im Vajrayana-Buddhismus ein Buddha-Aspekt, für die tägliche Praxis von fortgeschrittenen Yoginis und Yogis

haben wir dann mehrmals zusammen gemacht. Wir haben nicht zusammen still gesessen.

*Yesche*: Ich erinnere mich daran, dass sie wenigstens einmal am Tag in aufgerichteter Körperhaltung in ihrem Stuhl sitzend meditieren wollte.

*Lama Kunga*: Als sie noch gesund war, kam sie oft nach Halscheid und gab dort ihre Kurse und gab Atem-Meditations-Anweisungen. Als sie dann aber krank war, habe ich sie nicht mehr in einem Stuhl sitzen sehen.

*Yesche*: Sie saß doch aber manchmal im Stuhl in der Nähe des Fensters.

*Lama Kunga*: Das habe ich nicht gesehen. Wenn sie krank auf dem Bett lag, dann stand sie manchmal am Nachmittag für eine Weile auf. Da ich aber nicht immer in Halscheid war, habe ich davon nicht viel mitbekommen. Anka Wangmo war dann oft bei ihr und weiß darüber viel mehr. Sie kam einmal und sagte, dass Irmgard wirklich sehr erstaunlich ist.

Irmgard war wirklich eine Praktizierende und besonders friedvoll und ruhig, und wenn Leute zu ihr kamen, war sie immer freundlich – sie spürte, dass jemand hereinkam, war sehr aufmerksam, sprach ruhig und klar über ihren Zustand. Ihr Geist war wirklich ausgesprochen klar.

*Yesche*: Gibt es da noch etwas Besonderes, an das du dich erinnern kannst und worüber du jetzt noch nichts erzählt hast? Wie war es zum Beispiel, nachdem sie verstorben war?

*Lama Kunga*: Etwa eine Woche vor ihrem Tod verließ ich Halscheid und fuhr irgendwohin. Ich sagte ihr, dass ich nach etwa einer Woche wiederkommen würde. Sie sagte dann: „Du brauchst Dir um mich keine Sorgen zu machen. Mir geht es gut. Alles hier ist gut. Ich habe keine Schmerzen." Normalerweise, sagte sie, würde doch diese Krankheit mit schrecklichen Schmerzen einhergehen. Doch sie hatte keine Schmerzen. Sie litt also nicht. So etwas sagte sie. Ich hatte das Gefühl, dass sie möglicherweise in dieser Woche sterben würde, doch ich bin dann weggefahren. Sie bedankte sich und ich dachte auch nicht mehr viel an sie. Ich war in Köln oder irgendwo anders und dann hörte ich, dass sie gestorben sei. Ich kam dann einen Tag nach ihrem Tod wieder nach Halscheid zurück.

*Yesche*: Sie konnte dann für einige Tage liegen bleiben?

*Lama Kunga*: Sie lag noch für drei Tage im Retreat-Zentrum.

*Yesche*: Da brannten doch Kerzen um sie herum...

*Lama Kunga*: Ja, es brannten Kerzen. Manchmal riechen Körper nach einigen Tagen sehr streng, aber bei ihr war das nicht der Fall.

*Yesche*: Ich erinnere mich auch, dass es nur nach den Kerzen roch und nach nichts anderem.

*Lama Kunga*: Dann kam die ganze Familie zu Besuch. Als sie noch lebte, wollte sie nicht, dass die ganze Familie zusammen zu ihr kam. Sie sagte ganz genau, wer an einem

Tag zu ihr kommen sollte, zum Beipiel zwei bis drei Angehörige zusammen.

*Yesche*: Und doch kamen in der letzten Woche vor ihrem Tod ihre Kinder und Angehörige zu ihr.

*Lama Kunga*: Ich hörte, dass sie auch mit den Familienmitgliedern auf eine sehr gute Weise sprach. Aber zu mir sagte sie vor allem, dass sie keine Schmerzen habe.

*Yesche*: Hast du nach dem Tod eine bestimmte Puja oder eine Meditation für Irmgard ausgeführt?

*Lama Kunga*: Vor dem Tod schon habe ich Medizin-Buddha und Vajrasattva für sie in ihrem Zimmer praktiziert. Nach dem Tod führte ich die Amitabha-Dewatschen-Gebete für sie vollständig aus und auch das Sutra der 35 Buddhas. Ich zündete die Kerzen an usw. Das habe ich für sie getan.

*Yesche*: Hast du diese Praktiken dann im Schreinraum des Retreat-Zentrums ausgeführt oder neben ihrem Leichnam?

*Lama Kunga*: Neben ihr.

*Yesche*: Wurde Thrangu Rinpoche von ihrem Tod informiert?

*Lama Kunga*: Das war ein wenig spät, da war ihr Körper schon nicht mehr in Halscheid. Dann machte Thrangu Rinpoche für sie Phowa. Er sagte, es sei alles okay und es bestünde kein Problem. Rinpoche kannte sie seit Jahrzehnten gut. Er hatte sie auch zuvor in ihrem Haus besucht.

*Yesche*: Kannst du noch etwas über Irmgards Umgang mit Schmerzen sagen?

*Lama Kunga*: Am meisten sprach sie darüber, dass sie keine Schmerzen hatte. Sie ging davon aus, dass sie bei dieser Krankheit eigentlich sehr viele Schmerzen haben müsste.

*Yesche*: Sie hatte offenbar in früheren Stadien ihrer Krebserkrankung stärkere Schmerzen, aber sie nahm keine Schmerz- oder Betäubungsmittel bis auf wenige Dosen kurz vor dem Tod.

*Lama Kunga*: Sie war sehr schwach. Und obwohl sie eine deutsche Frau war, sprach sie immer in ganz klarem Englisch zu mir. Ich mochte Irmgard sehr. Sie war sehr oft über die Jahre verteilt mit einer Gruppe in Halscheid gewesen und gab dort ihre Kurse. Sie saß dann immer auf einem Stuhl. Ich bin auch ein paar Mal zu ihren Klassen gegangen und habe teilgenommen. Ich habe mitgemacht bei den Atem-Übungen: Einatmen, ausatmen. Sie sagte zu mir, ich solle kommen, wenn ich daran Interesse habe. Ich war auch neugierig zu sehen, was sie da macht.

*Yesche*: Vielen Dank, Lama Kunga. Das Gespräch war voller reichhaltiger Informationen.

# Erläuterung von Irmgards Lehrer Khenchen Thrangu Rinpoche zum Umgang mit Schmerzen

Aus den „Bardo-Belehrungen" von Khenchen Thrangu Rinpoche, *Washington 1997,* Quelle: Shenphen Ösel, www.rinpoche.com, übersetzt von Yesche U. Regel

Es gibt eine Praxis mit dem Namen „Schmerz in den Weg einbeziehen".

Die grundlegende Idee ist dabei, dass man – anstatt zu versuchen dem Schmerz zu entfliehen – ihn direkt anblickt. Du schaust direkt mitten in ihn hinein oder auf seine Essenz. Indem du dies tust, löst sich die Festigkeit des Schmerzes auf.

Ein Anfänger kann dies jedoch noch nicht mit wirklichem oder ernsthaftem Schmerz tun. Du musst damit anfangen, dies mit einem kleinen Schmerz, mit äußerst milden und kontrollierten Schmerzsituationen zu üben. Eine Technik wäre z.B. dich selbst zu zwicken. Du nimmst eine Hand und du zwickst diese mit der anderen auf ihrer Oberseite. Das kann wirklich wehtun und zunächst mag dies als wirklich unangenehm und schwer zu ertragen erscheinen. Aber wenn du fortfährst dich zu zwicken und dabei auf die Essenz der

Natur einer solchen Erfahrung von Unwohlsein und Schmerz schaust, dann wird es dazu kommen, dass während der Empfindung diese zwar selbst nicht etwa weniger wird und weiterhin spürbar ist, das mit der Empfindung einhergehende Leiden jedoch verschwindet.

Auf diese Weise geübt zu sein trägt dazu bei, dies auch in unfreiwilligen Situationen von Krankheit und Schmerz anwenden zu können. Am Anfang beginnt man also mit eher leichtem, mildem Leiden, und wenn man allmählich darin trainiert ist, können immer größer werdende Grade von Unwohlsein auf diese Weise verarbeitet werden. Dies stellt eine hervorragende Vorbereitung für die Bardo-Erfahrungen (nach dem Tod) dar... – sie wird „Schmerz und Krankheit in den Weg einbeziehen" genannt.

# Worte von Irmgards Lehrer
# Gendün Rinpoche (1918 – 1997)

Zitate aus „Herzensunterweisungen eines Mahamudrameisters",
*Theseus Verlag 1999*

Aus höchster Sicht betrachtet sind Erfahrungen im Traum
und Wachzustand gleichermaßen leer, ohne irgendeine
Wirklichkeit. Sie sind nichts weiter als eine Projektion der
Gewohnheiten und Muster unseres Geistes.

(S. 129)

Wenn wir hingegen bei allen Handlungen – so als würden
wir aus einem Traum erwachen – das Gewahrsein der illuso-
rischen Dimension der Erfahrungen kultivieren, werden wir
zu der Erkenntnis der leeren Natur aller Erscheinungen ge-
langen und die Täuschung wird ein Ende haben.

(S. 130)

Erscheinungen als leer zu erkennen und nicht für wirklich
zu halten – das ist die Weisheit des Dharmadhatu, des un-
wandelbaren weiten Raumes aller Erscheinungsformen.

Gewahr zu sein, dass die Erscheinungen zwar in der
Essenz leer sind, sich aber dennoch spontan, klar und
deutlich manifestieren – das ist die spiegelgleiche Weisheit...

(S. 208)

# Worte von Phadampa Sangye (Tibet 12. Jhd.)

Welche wilden Gedanken im Geist auch aufsteigen,
Du fühlst nichts als große Freude.

Wann immer du krank bist,
nutzt du die Krankheit als Hilfe.

Was immer dir auch widerfährt,
du bist glücklich.

Wenn schließlich der Tod kommt,
nutzt du auch ihn als Pfad.

# Über den Autor

Andreas Epp, Jahrgang 1953, hat seit 1978 Verbindung zum Buddhismus. In den 70er und 80er Jahren hatte er engen Kontakt zu den großen alten Meistern Tulku Urgyen, Dilgo Khyentse und dem 16. Gyalwa Karmapa.

Er machte mehr als zwanzig Reisen nach Nepal um buddhistische Lehrer zu besuchen und erhielt umfangreiche Erklärungen von ihnen.

Irmgard Lauscher-Koch lernte er 1980 in Köln kennen. Irmgard, Yesche Udo Regel und Andreas Epp waren Teil der zu dieser Zeit existierenden Kölner tibetisch-buddhistischen Gruppe.